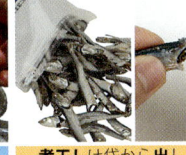

生イカをハサミでチョキチョキ　**煮干しは袋から出して割って取り出すだけ**

解剖の授業はいかが

　〈からだのつくり〉の授業どうしてますか？　教科書に出てくる魚やイカの解剖，「正直面倒だなあ」と敬遠していませんか？

　この本で取り上げた「解剖」の授業はどれも，簡単に真似をすることができるものばかり。小学生から高校生まで，子どもたちに大歓迎され，授業する先生も〈生きものを見る目〉が広がるたのしさで夢中になった授業ばかりです。

　イカのプランは，まさに「そうだったのか！」の連続です。

　煮干しの解剖はこんなに簡単。背骨のある動物たちの見方をさらに深めてくれるでしょう。

　人体解剖図の授業，模型を作りながら学ぶヒトの体の知識はまさに一生ものです。

　理科だけにとどまりません。家庭科，保健，美術，国語，食育や環境学習にかかわる総合的な学習でも，そして地域の科学教室などでも使える授業プランや実践例をたっぷり収録しました。

　かならずたのしい「解剖の授業」ができます。

　あなたもやってみませんか。

　＊本書は2006年11月に『たのしい授業』臨時増刊号として発行したものを単行本にしたものです。

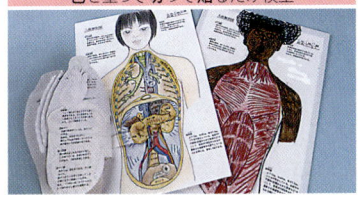
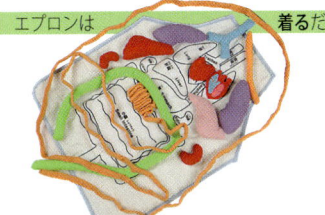

色を塗って切って貼るだけ模型　　**エプロンは着るだけ**

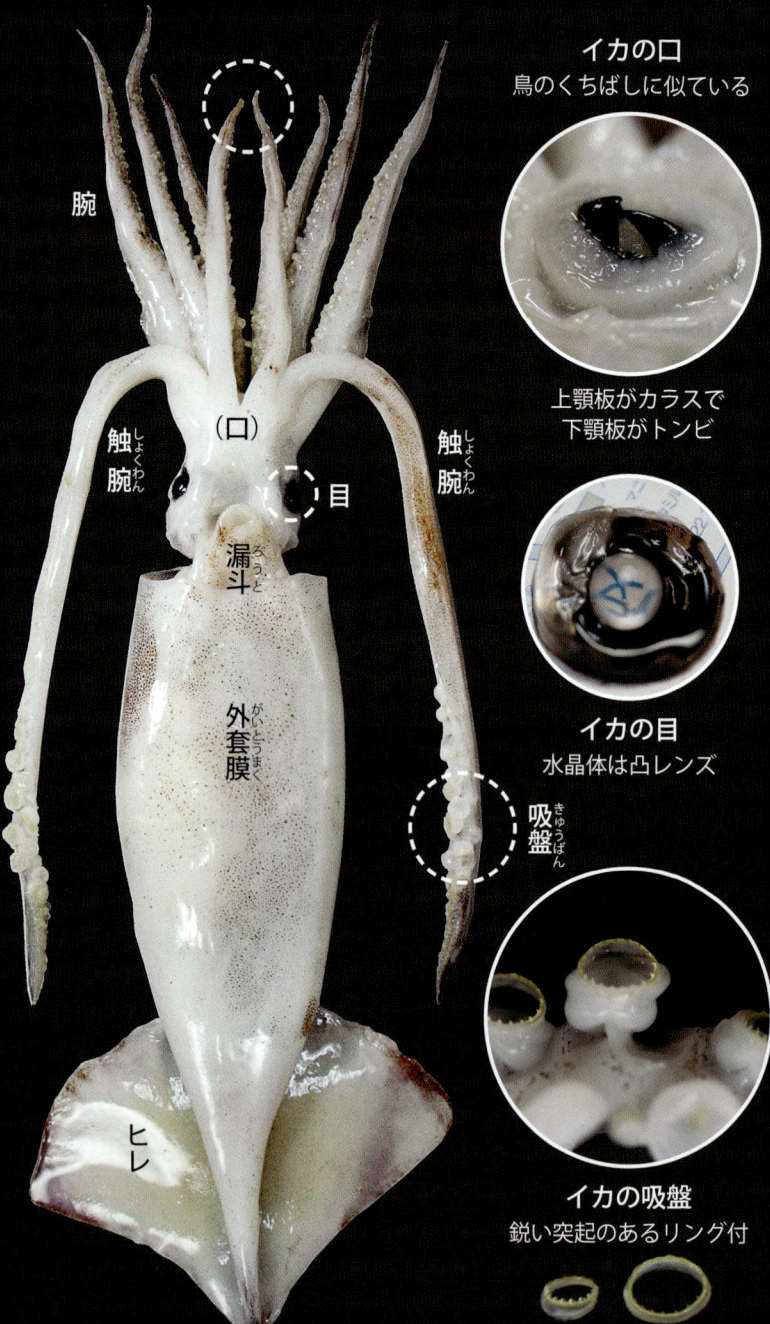

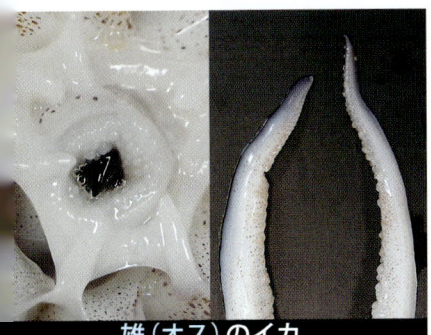
雄（オス）のイカ

雌（メス）のイカ

から見たイカの雌雄の見分け方：オスは真ん中の2本の腕の形が左右で違う（見慣れない
チョットむつかしい）。成熟したメスには口のまわりに白いつぶつぶが見える。

イカの消化器官

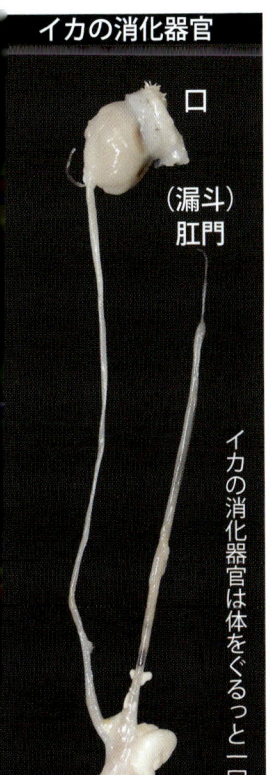

口
（漏斗）
肛門

胃

イカの消化器官は体をぐるっと一回りしている

消化器官の実験

イカの胃

色のついた液体（しょう油など）を口からスポイトで注ぐと，
食べ物の通り道が見える。胃を広げるとけっこう大きい。

呼吸器官の実験

エラのあたりにオキシドールをつけると，血管（酸素を運ぶ血液）が青くなる。

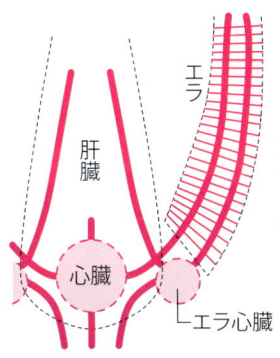

エラ
肝臓
心臓
エラ心臓

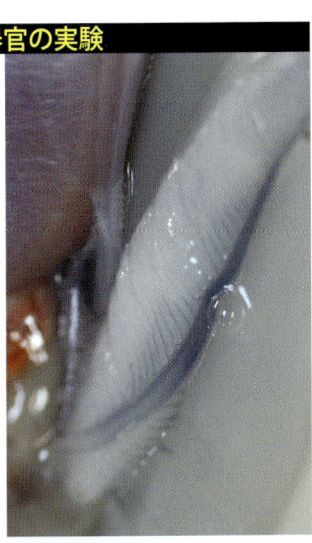

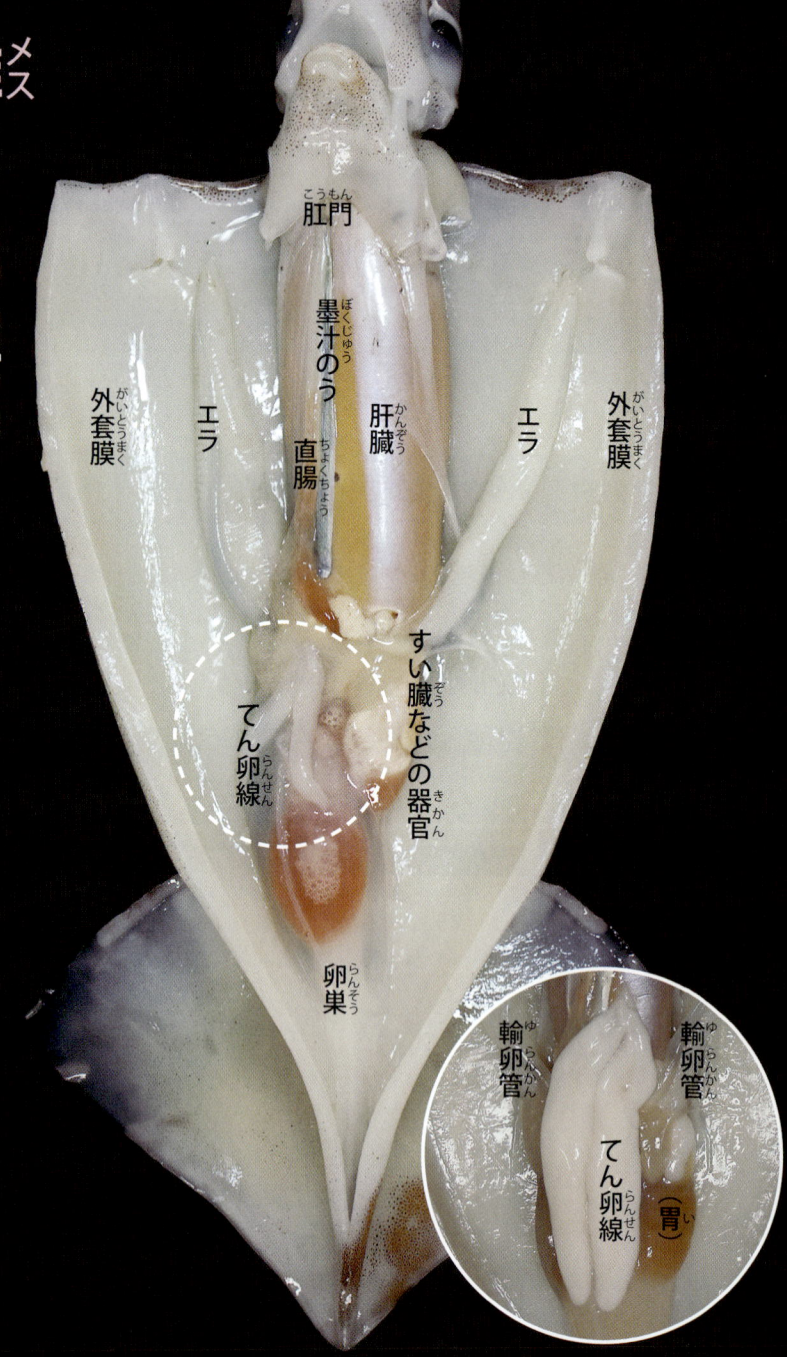

雌（メス）イカの解剖

（器官の大きさには個体差があります）

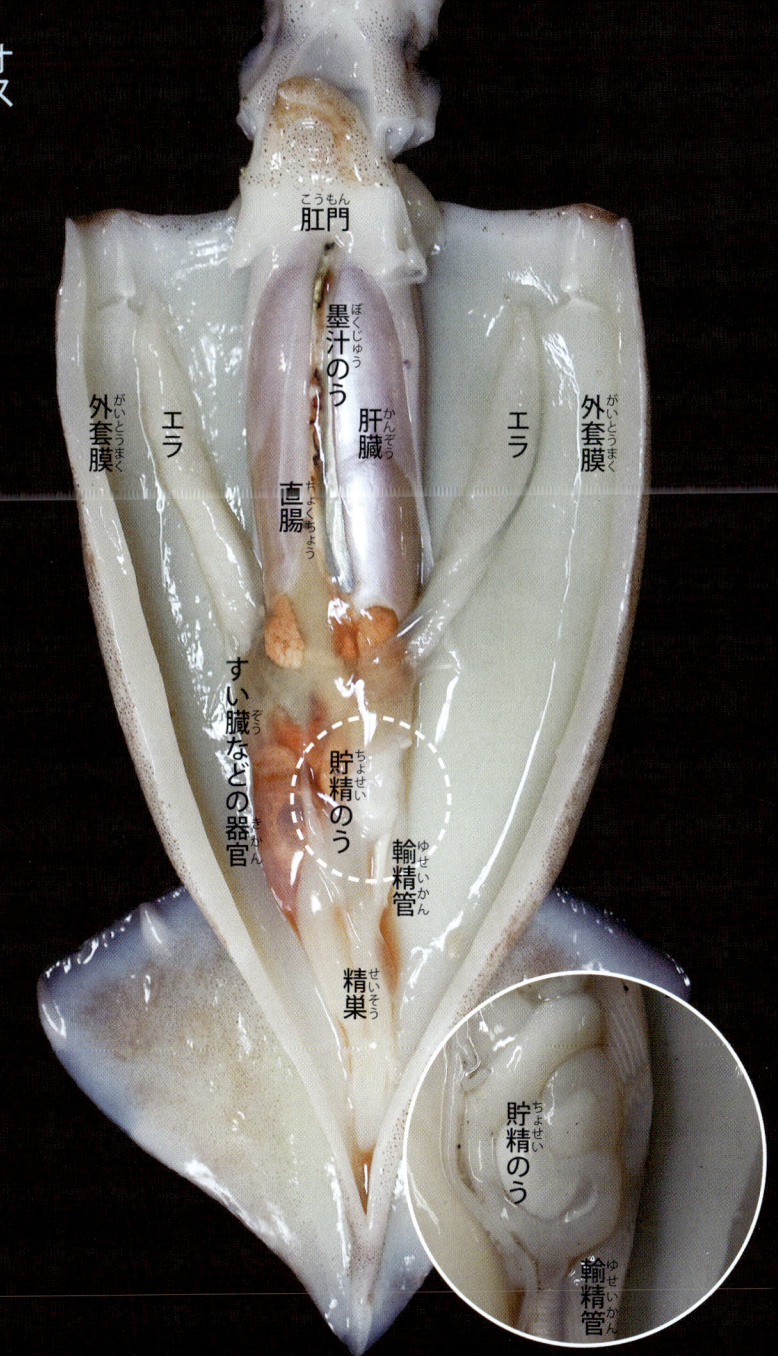

雄イカの解剖

（器官の大きさには個体差があります）

煮干しの解剖

わずか10cmほどのカタクチイワシの煮干し。その体内には消化器官・生殖器官・脳などが残っています。手で割っていくだけの煮干しなら超簡単。〔69ぺ～〕

頭部

耳石

脳

目

心臓

鰓耙（さいは）

脳

耳石（じせき）

目

鰓耙（さいは）

心臓

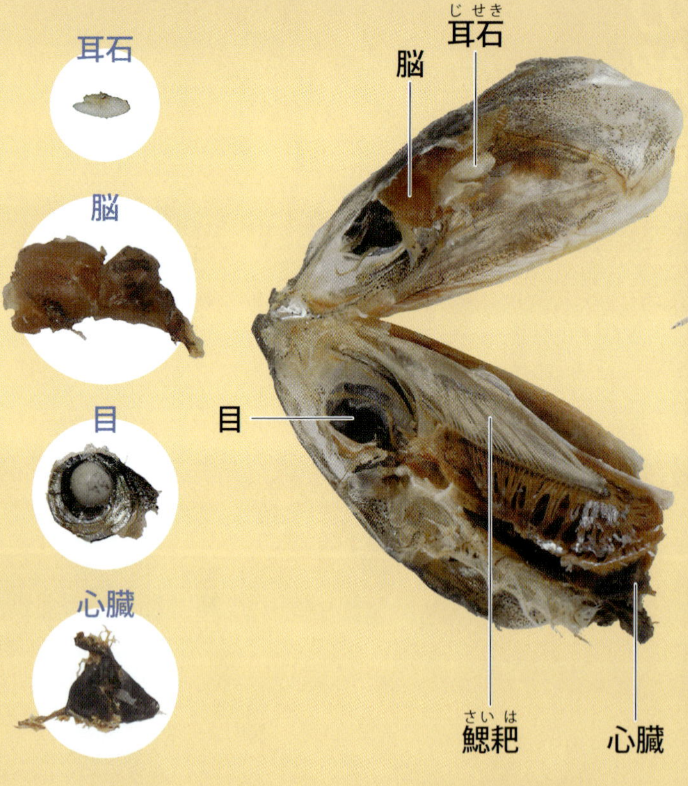

心臓は頭部・腹部の間にあるので落っこちやすい。

煮干しの見本
実物大

腹部

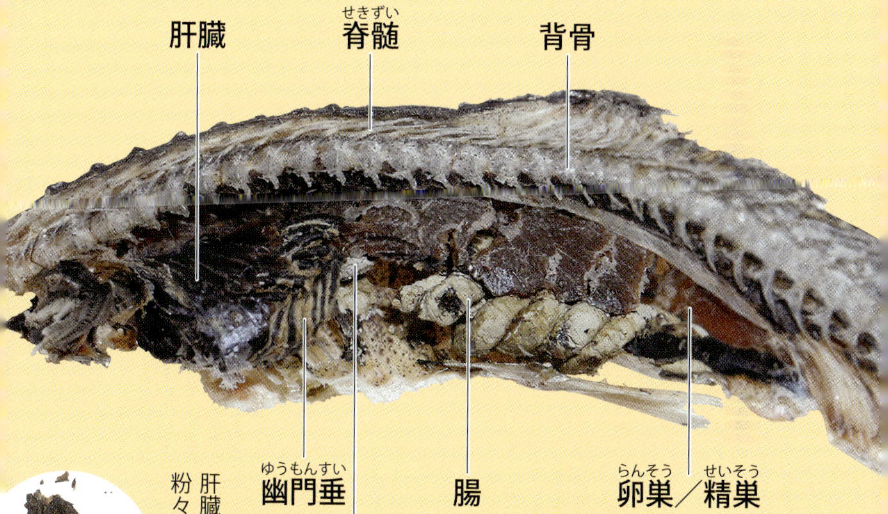

肝臓　脊髄(せきずい)　背骨

幽門垂(ゆうもんすい)　腸　卵巣(らんそう)／精巣(せいそう)

（胃）

卵巣

精巣

肝臓や腸、幽門垂は粉々になることが多い。

胃は肝臓に隠れていることが多い。
食道につながったままとれることがある。

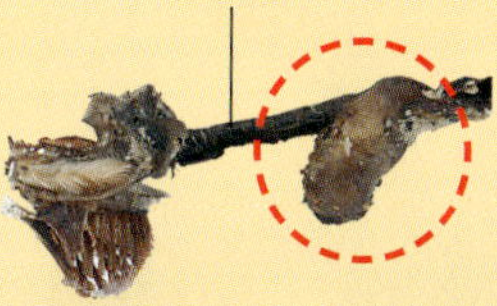

食道

ヒトの体の解剖!?

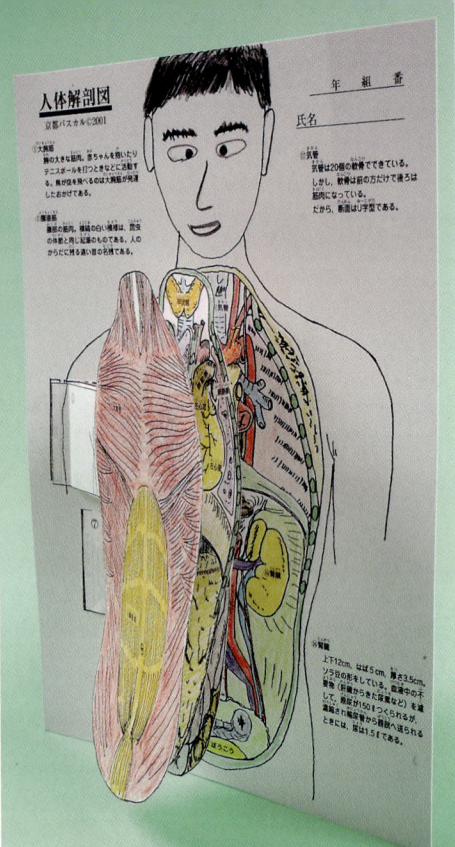

人体解剖図
型紙に色を塗って、ハサ〔ミ〕と糊で作るだけ。
紙製の模型図ながら〈ヒト〔ト〕の体の仕組み〉がわかる〔本〕格解剖図。色を塗りなが〔ら〕切り抜きながら楽しめま〔す〕
〔103ぺ～〕

人体解剖エプロン
イカや煮干しなどを解剖〔す〕る時、ヒトの体と対照〔で〕きるこんなエプロンは〔い〕かが？ 心臓・肺・胃・〔肝〕臓・腎臓・小腸・大腸・〔食〕道・気管がマジックテー〔プ〕で取り外すことができま〔す〕
〔99ぺ～〕

型紙に色を塗って、ハサミと糊で作るだけ。

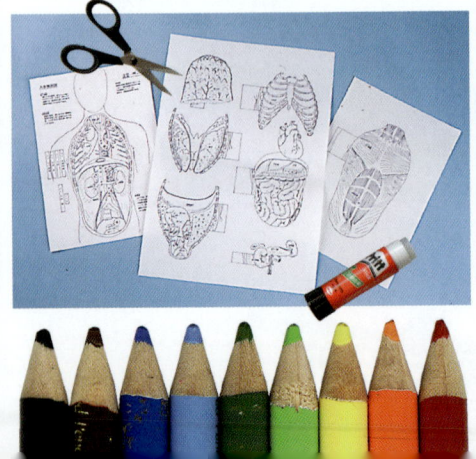

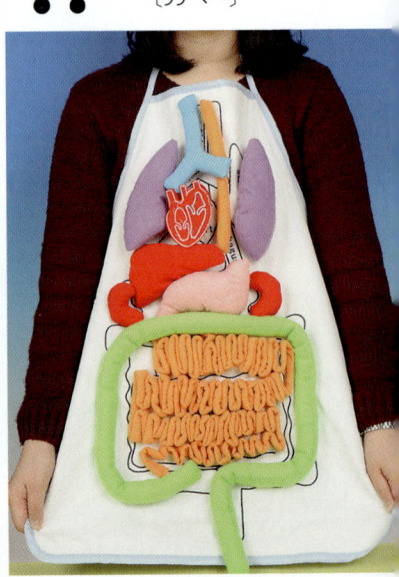

小腸を伸ばすと4メート〔ル〕

解剖の授業はいかが●もくじ

解剖の授業はいかが （小林眞理子）　1
口絵　（イカの解剖・煮干しの解剖・人体解剖図）　2
もくじ　9

解剖実習，やってみませんか？／清水龍郎 …………………… 13
〈現代生物学の見方〉にふれるひとつのチャンス

第1部　　なるほど～っ！　「イカ」の授業

ミニ授業プラン〈イカ〉／森永幸夫／前崎彰宏編 …………… 18
はじめに　21／イカの種類と先祖　27／イカの生活　31／スルメイカの解剖　39

「イカ」の授業で失敗なし！／加藤寛子 ……………………… 44
子どもが「楽しい」って言ってくれる授業プランの魅力

生徒に評判の「イカ」の授業を体験／山崎和達 ……………… 48

一気に知識が広がった／田中一成 …………………………… 51
定時制高校でも好評！ミニ授業プラン〈イカ〉

尊敬する？！／亀谷政司 ……………………………………… 53

授業プラン〈イカ〉の「評価」と「感想」…………………… 54
高校　加藤寛子／中学校　森永幸夫／小学校　前崎彰宏

知恵を寄せ合って「イカの定義」を作る／村上道子 ………… 56
授業参観で「ことばの定義」の授業

キミ子方式で「イカ」を描こう／松本キミ子 ………………… 67
にじませてにじませていか授業メモ

第2部　　な，なんと！「煮干し」の授業

　　チョーおすすめ！煮干しの解剖／志田竜彦　　70

　　校内研究で煮干しの解剖／志田竜彦　　70

指で割るだけ！煮干しの解剖／小林眞理子 …………………… 71
　　準備するもの　72／解剖体験マニュアル　73／授業の進め方　79／
　　「煮干しって生きていたんだね」──中学生の感想　83／
　　煮干しの解剖提出用台紙　85

知って得することばかり／難波二郎 ………………………………… 87
　　1年間の「選択生物」の授業──高校3年生の感想

　　バンバンザイ！煮干しの解剖／梶沼泰子　　96

だしをとったあとの煮干しの味は？／福島純子 ……………… 97
　　小学校家庭科で「煮干しの解剖」

どうして家庭科で「煮干しの解剖」か／加藤千恵子 …………… 99

第3部　そうだったのか！　「人体解剖図」の授業

人体解剖図で擬似解剖体験を／柴田公平 …………………… 104
「京都パスカル人体解剖図」を作ったわけ

「人体解剖図」の組み立て方と，学習プリント／権田信朗 … 110

気持ちよくできた「人体解剖図」作りの授業／由良文隆 …… 116

　人体解剖図の色塗／柳下修　　118

　内臓パズル・人体パズル「人体の骨格と内臓」／重森幸代　　118

食べ物と腸のおはなし「おなかすっきりさわやか」／松崎重広 … 120
新総合読本

　ルアン・コロンボ『立体モデル大図鑑　人のからだ』／権田信朗　　130

　井尻正二『ふしぎふしぎ人のからだ』／田中秀家　　130

　おすすめビデオ「驚異の小宇宙・人体」／古山園美　　131

胃酸（塩酸）はどのようにできる？／入江洋一 …………………… 132

解剖したから間違えた医学者たち／板倉聖宣 …………………… 134
「血液循環説」はなぜ1600年代まで登場しなかったのか

第4部　たのしく学ぼう！「生物のしくみ」

本格的な科学がしたい！／眞田桃子 …………………………… 142
科学クラブの子どもたちと，初めての《生物と細胞》

生物学の楽しい学び方／清水龍郎 …………………………… 151
〈利点〉を問うことで開けるおもしろい世界

  解剖の授業に役立ついろいろ　　102
  京都パスカル人体解剖図／内臓パズル　　140
  関連書籍紹介　　170
  関連記事紹介　　172
  仮説社の本　　174
  サイエンスシアターシリーズ　　176

＊執筆者の氏名や勤務先，本文中の書籍，商品などの価格は，執筆当時のものです。
各記事の初出は，月刊『たのしい授業』（『たの授』と表記）で，その掲載年月はタイトル付近に表示しています。

解剖実習, やってみませんか？
〈現代生物学の見方〉にふれるひとつのチャンス

清水龍郎
埼玉・大宮商業高校

ミニ授業プラン〈イカ〉（18ペ）がとても良かったです。この授業プランはずっと前から知っていましたが，やったことはありませんでした。今回見てみて，以前気になった問題点も解消されていて，これならやれると思いました。加藤寛子さんの記録（44ペ）も良かったです。

ボクは生物の教師ですから，もちろんイカの勉強もしていますが，ボクでも当たらなかった問題がありました。

このような個々の生物のミニ授業書は，必ずしも全員が学ぶ必要はないかもしれませんが，学ぶと楽しく，知識が広がるものです。特に，生物の場合は，生物ごとにいろいろ違うのでなおさらです。

解剖もさっそくやってみました。これまで意識しなかった胃もエラもちゃんとわかりました。やはり〈見れども見えず〉でした。これでまた，楽しい授業が3時間分くらい増えました。最後に食べられるのが何よりです。〔清水龍郎〕

● 血を見るのが嫌いな生物教師

上の読者レポートを書いたのは数年前のことです。今の勤務先（大宮商業高校）は女子生徒が多く，解剖はさほど好まれませんが，それでもブタの目やイワシの解剖などの授業を続けています。イカの解剖も今年はやりたいなと思っ

ています。

　ボクは生物教師ですが生化学科の出身なので、大学できちんとした解剖学の授業や実習を受けたことはありません。それどころかボクは子どものころ、解剖をやりたいと思ったこともありません。動物を殺すのも血を見るのも嫌いだったからです。生物学科でなく生化学科に進学したのも、その後微生物学を専攻したのも、微生物なら血も出ないしあまり罪悪感がないと思ったのが理由の一つだったくらいです。

　ところが前任校（越谷北高校）では、ボクのニワトリ解剖の授業は北高の名物授業となり、生徒さんの一番思い出に残る授業の一つとなっていました。どうしてこんなことになってしまったのでしょうか。

　今思うに、キッカケは高校生物部での経験です。ボクが１年生だった頃、文化祭でカエルの脊髄反射の実験を見せることになりました。この実験は、麻酔しないで——麻酔すると神経が麻痺して反射が起こらなくなるので——カエルの口に解剖ばさみを入れて頭ごと（脊髄だけを残すために）大脳など切り落として（無頭ガエルを作って）から、反射の実験をするという、かなり残酷な実験です。当然ボクはイヤでしたが、当時の生物部には男子が少なく、ボクが担当することになってしまったのでした。

　ところがいざ覚悟を決めてやってみると、毎回ドキドキはしましたが、やってできないことはないのです。ボクの心の中である一線が越えられてしまったのでした。

●現代生物学の見方

　とはいえ、血を見るのが嫌いという性格は変わりません。そうこうするうち、内臓付きのニワトリ一羽を使った解剖実験というのがあることを十数年前に知りました。すでに殺されて羽毛を取られ、血を抜かれている食肉用のニワトリを材料にするものです。これならニワトリを自分で殺すことはないし、血を見ることもありません。

　食肉用とはいえニワトリの頭は

ついています。初めて見た生徒さんたちは「えー，なにこれ」という表情です。実験机に配られてもなかなかすぐには取りかかれません。しかし，そのうち解剖が得意？な生徒がはさみを持っておそるおそる皮ふを切開し始めます。すると生徒たちのある一線が越えられます。後はもうお料理感覚です。どんどんと解剖は進んでいきます。もちろん中には目を向けられない生徒さんもいますが，それはしかたないことです。

この解剖実習で一番感動的なのは，気管に空気を入れると肺がプーとふくらんだり，足の健を引っ張るとまるで生きているかのようにニワトリの指が動くことです。生物は機械のようなものだという感覚がわいてきます。現代の生物学の一つの重要なものの見方は，生物を機械として理解しようとする見方です。

＊「生物を機械と見る」というと，「機械を壊すような感覚で人間その他の生物を扱うようになっては困る」などと早合点する人がいるかもしれません。むろん，それは見当違いで，むしろ，生物学を（あるいは解剖も）きちんと学んだほうが，生命の尊厳についても深く考えるようになると思います。

　なお，生物を機械と見る見方が唯一の科学的な見方ではないでしょうし，ましてやそれが唯一の生物に対する見方ではあり得ません。

今では生物という機械の部品は，器官から細胞をへて分子にいたるまで研究が進んでいますが，その原点がここにあるように思います。

●女子高生にも人気の〈解剖〉

解剖の実習はすべての人に「楽しかった」と受け入れられるとは限りませんが，生物を機械とみなして解体する感覚は，一度体験してみるに値すると思います。とはいえ，やはりヒトに近い動物の解剖は抵抗感があります。だいいちブタやニワトリでは，教える教師の方も誰でもできるというわけにはいかないでしょう。

この点，イカやイワシなどの食品になれば抵抗感はずっとうすれます。ですから，イカの解剖やニボシの解剖などはとてもすぐれたプランだと思います。事実，今の高校の女子高生のみなさんも，ブタの目よりもニボシの方がすっと実習に入れます。特にニボシはもう生ものですらなく，生徒さんの中から「先生，この煮干し食べてもいい？」というリクエストが出るほどです。

　ボクが始めてこの実習を知ったときは，小さい煮干しを使っていてわかりにくかったのですが，その後大きなニボシを使ってとてもやりやすくなりました。

　そして究極の抵抗感のない解剖実習は，人体解剖図づくりということになるでしょう。これも今の学校でやっていますが，もう完全にお絵かきとパズルの世界です。ですが，それでも基本的な内臓の配置は理解でき，ニボシ（魚）との共通点や違いをつかむことができます。このようにいろいろな教材と授業プランができているのですから，これまで解剖の実習をやったことのない方も，一度試してみてはいかがでしょうか。

　実際にやってみれば，教師の側も，生徒さんも，「やてみたら意外とラクにできて楽しかった」という人は多いと思うのです。

〔注〕PL法施行以来，「内蔵付きの鶏肉」が手に入りにくくなりました。したがって，「内蔵付きの鶏肉」を使うことは，一般的な解剖実験とは言えなくなりました。

＊本書の初版が出たあと，煮干しの解剖の記事をもとにして，単行本『煮干しの解剖教室』（小林眞理子著）が発刊されました。また，取り出した煮干しの内臓を貼り付けて一覧できる台紙「煮干しの解剖台紙」と内臓の写真シートをセットにした「煮干しの解剖実習セット」も作成し，仮説社で販売しています。
＊「イカの解剖写真シート」も作成して販売する予定です。詳しくは仮説社にお問合せ下さい。

第1部

なるほど〜っ！

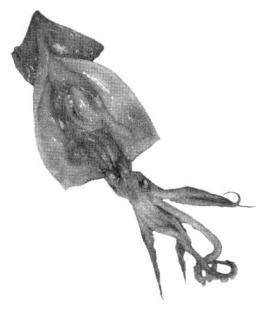

「イカ」の授業

ミニ授業プラン〈イカ〉

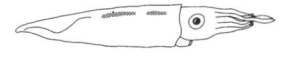

(初出No.255, 02・7)

森永幸夫 北海道・札幌市真栄中学校
編集：**前崎彰宏** 北海道・札幌市川北小学校／イラスト：藤森知子

●はじめに

 日本は全世界のイカの漁獲量の約半分を消費している〈イカ大好き国〉です。だからイカってとても身近なものですが，それでいて案外知らないことがいっぱいあります。

 この授業プランでは，イカの足（腕）の数から受精まで，イカの生態を中心に学習していきます。そしてイカを解剖して学習したことを実際に自分の目で確かめていきます。目的を持って解剖でき，しかも後始末に食べることもできます。授業時間は，およそ3時間（生態学習2時間，解剖（＋調理）1時間）です。

 この授業プランは，かれこれ20年くらい前に，余市町にある「北海道立中央水産試験場」の高昭宏さんというイカの専門家の方に教えてもらったことが基になっています。

 当時僕は私立高校で生物の講師をしていたのですが，生徒さんから「解剖がしたい！」という声を聞き，「イカなら最後に食べられるのでいいかな。よーし，それならいっそのこと，イカについて丸ごと調べてしまおう！」と思って，「北海道立中央水産試験場」に足を運んだわけです。そこで教えてもらった内容がとて

も面白かったので，それをまとめてちょっとした授業プランを作りました。その，初めての「イカ」の授業は，子どもたちからたいへん歓迎されました。

それから約10年たったある日，兼子美奈子さんの「イカの青い血って？」という記事（『実験観察自由研究ハンドブック1』仮説社刊）を読んで，かなり興奮してしまいました。これは，血液の話などとても興味深い内容でした。僕はこれに刺激されたわけです。

ほったらかしてあったプランを検討し直してミニ授業プランにまとめて，道内のいくつかのサークルでも紹介して検討してもらいました。その中で実験授業を実施してくださる方も何人か現れたのですが，どれも楽しさ度9割以上（5段階評価で，「5．たいへん楽しい」と「4．楽しい」をたして9割以上）でした。

その後，前崎彰宏さん（札幌市川北小学校）が文章などの細かい点についても編集し直して小冊子にしてくれました（100部完売）。また，その授業プランに授業の道具類の情報なども付け加えて僕が作った冊子も200部以上売れたので，全国で300回以上は授業が実施されたのではないかと思います。

わくわく科学教室，小学校，中学校，高校……など，いろいろなところから授業報告が届いたのですが，どれもかなり評判がいいものでした（生徒の授業への評価や感想は54ペ）。また，最近になって前崎さんが，「冷凍イカでも十分解剖が可能」ということも示してくれたので，この授業プランは全国で通年実施可能の見通しもつきました。そこで，今回このミニ授業書プラン〈イカ〉を再度検討し直してご紹介させていただくこととしました。

なお，授業を進める上での留意点はプランの各ページの下に，加藤寛子さんが鶴ヶ島高校の1年1組の生徒さん（25人）と授業を行ったときの簡単な記録とともに紹介させていただきますので，授業をするときの参考にしてください。

まだまだ改良点があると思います。何か気がついた点があれば教えていただけると嬉しいです。

　なお，前崎さんが小学校で，解剖の前に「キミ子方式」でイカの絵を描いたところ，かなり子どもたちは楽しんでくれたということなので，キミ子方式でのイカの描き方も紹介させていただきます（本書67ペ）。

謝辞　まず，「イカ」についてたくさんのことを教えていただいた「北海道立中央水産試験場」の高昭宏さんを始めとして，専門的な立場で貴重な助言をしてくださった同試験場の中田淳さん・坂口健司さん，「独立行政法人　水産総合研究センター　北海道区水産研究所」の長谷川誠三さんに深くお礼を申し上げます。さらに，読みやすく編集してくださった前崎彰宏さん，当初から釧路のわくわく科学教室で何度か実施し貴重な報告を送ってくれた磯真理さん（北海道釧路町在住主婦），授業道具や授業の記録などでは特に小浜真司さん（小樽市高島小学校），菅原晴美さん（北海道白糠高校），権田信朗さん（埼玉県志木高校），加藤寛子さん（埼玉県吉川高校），柳下修さん（神奈川栄光学園）に感謝致します。またお名前は残念ながら紙面の都合上ご紹介できませんが，授業の実施検討や評価感想などを送っていただいた全国の多くの方々，プランを検討してくれた仮説実験授業のサークルの皆さま，そして仮説社の山崎千恵里さんには精力的に編集作業をしていただきました。この場をお借りしてお礼申し上げます。

●授業の時間数：生態の学習で2時間＋解剖（＋調理）で1〜2時間。
＊キミ子方式で絵を描くなら，解剖の前にあと2時間必要。
●なくてもいいけどあるといいもの：干したスルメイカ（問題説明や足（腕）の長さを確認するときに使用し，オーブンであぶって食べられる）。イカの肝油などから作られた温度液晶製品（本書26ペ）など。「サキイカ」や「塩辛」などの加工品。授業プラン準拠のカラー写真やDVDや温度液晶製品などの情報は次のサイトをご覧ください。
http://www.tim.hi-ho.ne.jp/mxc00113/ika/ikanosusume.html
●解剖の時に必要なもの：本書43ペに掲載。
●授業の進め方：ミニ授業プランを，「問題の留意点」と「授業記録」を省いて，1ページずつプリントしてしてください（クラスの人数分用意）。そして，次のように生徒に配っていきます（数字はページ数。／ごとに配る）。「1／2・3／4／5・6・7／8・9・10・11／12・13・14／15・16／17・18／19・20・21・22」

ミニ授業プラン 〈イカ〉

〔1〕はじめに

〔質問1〕
　これからふだんみなさんが食べているイカについて考えてみることにしましょう。あなたの予想に○をつけてみてください。

①イカの足は何本でしょうか？
　　（予想）ア．4本　イ．6本　ウ．8本　エ．10本　オ．12本
②その足の長さはみんな同じ長さでしょうか？
　　（予想）ア．ほとんど同じ長さ
　　　　　　イ．長さのちがう足もある

　イカについて知っていることを出し合ってみましょう。
　結果は次のお話を読みましょう。

―1―
（ページ数を表します）

〔質問1〕
　軽く手をあげてもらう程度でいいと思います。足以外でも，知っていることがあれば何でも言ってもらうといいでしょう（しかし，ほとんど出ないことが予想されます）。
授業記録：①ア．0人，イ．0人，ウ．5人，エ．12人，オ．0人　（理由）ほとんどが「見たから」／②ア．3人，イ．多数　（理由）ア：「人間の腕や足の長さが同じように，イカの足の長さも同じ」，イ：「2本だけ長い」「人間の指の長さが違うように，イカの足の長さも違う」「個人差がある」

〈イカの足＝腕〉

　ふだんからよく食べているイカはスルメイカという種類が多いので、そのからだをみてみましょう（よくスルメにされるのでこの名前がつけられました）。

　イカ・タコの仲間を、生物学の分類上は「頭足類」といいます。頭と胴体の位置は人間と同じなのですが、足と呼ばれている部分が、頭の周辺についているからです。しかし、頭についている足はものをつかむことができるので、10本の「腕」であるとも科学者は考えています。このため、イカの仲間をもう少し詳しく分類して「十腕類」とよぶことがあります。

　さて、その腕の長さは10本とも同じ長さでしょうか。よくみると、一対（2本）の腕だけが他の腕よりも長いことがすぐにわかります。また他の腕も少しずつ長さがちがいます。これは人間の指と同じように、長さがちがった方がものがつかみやすいからでしょう。特に長い2本の腕は「触腕」と呼ばれていて、ものをつかむのに役だっています。

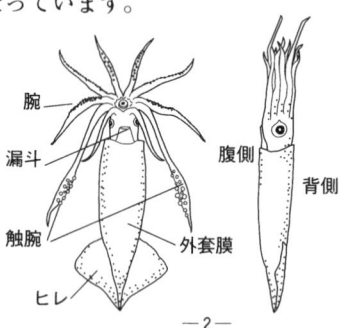

　図鑑などには上図のような向きに出ています。普通私たちは足を下に書いた絵を想像しますが、イカの足が腕だったり、目の位置や口の位置を考えるとこの方が自然だと、生物学者は考えているからです。

〔質問2〕
　イカは〈前〉と〈後ろ〉のどちらに向かって泳ぐと思いますか。
　（予想）ア．前だけに進む
　　　　　イ．後ろだけに進む
　　　　　ウ．両方に自由に進む

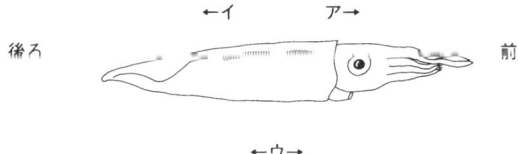

　イカの泳ぎ方について色々と想像してみましょう。

―3―

〔質問2〕
　軽く予想に手をあげてもらった後に、「どうやって泳ぐか」を聞いてもいいでしょう。干したスルメイカを使って質問の説明をしてもよいでしょう。授業記録：①ア.0人，イ.20人，ウ.1人　（理由）イ：「テレビで見た！」　ウ：「後ろにのみ進んだら餌が食べられない。だから、前にちょっとだけ進む」「ＴＶで見た」「進むときはイ，餌をとる時はア」

23

〈イカの泳ぎ方〉

　イカは「ろうと（漏斗）」と呼ばれる水の噴射口から水を勢いよく出して動きます。ろうとの向きを変えることによって前進もすれば，後進もするし，方向転換も自由にできます。

　また，ふつう私たちが「ミミ」とか「えんぺら」と呼んでいる部分は，「ひれ（鰭）」といいます。このひれは泳ぐときのバランスを保つためについているだけで，泳ぐときの主な力になっているのはやはり「ろうと」からの水の噴射です。

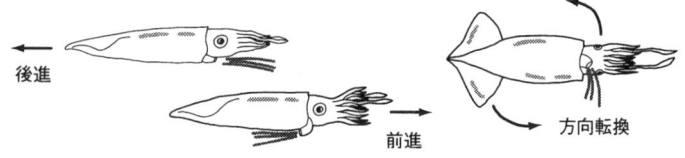

〔質問3〕

　イカを使った食品はたくさんあります。あなたが知っているイカを使った料理や食品をたくさんあげてみましょう。

　また，イカが食品以外に利用されている例もあります。知っていたら出し合いましょう。

〔質問3〕
　2～3分とって何でもいいので書いてもらってから，できるだけたくさん発表してもらうといいと思います。いくつ出せるか競争すると楽しいです。
授業記録（1・3・5組）：イカを使った食品――イカそーめん，イカ焼き，塩辛，イカめし，スルメイカ，イカすし，イカリング，イカさし，イカとダイコンの煮付け，イカスミパスタ。食品以外の製品――水族館，薬，すみ，イカレース。最後に，イカの肝油から作られている「ストレスチェックキーホルダー」を見せてまわしました。

〈イカの食べ方いろいろ〉

　日本人の食べる魚介類の中で1人あたりの年間消費量が一番多いのがイカで，約1.5Kgです（第2位はサケ）。

　日本人は昔からイカをよく食べていました。刺身（生），焼く，煮る，干す，漬け物にすると，たくさんの調理・加工法があることからも，それがうかがえます。

（イカの利用加工例）

可食部 ─┬ 生食（鮮食，冷凍，冷蔵）
　　　　├ 煮干しスルメ（するめ，イカトックリ）
　　　　├ さきいか（さきいか，生さきいか）
　　　　├ のしいか（甘のしいか，生のしいか）
　　　　├ いか塩辛（赤つくり，黒つくり）
　　　　├ いかくんせい（温くんいか）
　　　　├ いか佃煮（切りか佃煮，あられ佃煮）
　　　　├ 焼きいか（姿焼き）
　　　　├ 塩いか（塩干いか，塩丸いか）
　　　　├ いか缶詰（味付缶詰，水煮缶詰）
　　　　├ いかねり製品（ソーセージ，竹輪）
　　　　└ いか漬物（松前漬，いか粕漬）

非可食部 ─┬ 眼……ビタミンB1
　　　　　├ 肝臓……魚しょう油，イカ油，飼料
　　　　　└ 墨袋……顔料（セピア色素）

主なイカ加工品生産量（2000年）

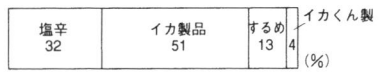

生産量9,9575トン

＊生産量は，毎年およそ10万トン前後です。

『水産物流通統計年報』より

— 5 —

〈原料としてのイカ〉

　食料品のほかに，イカの肝臓から取り出した油成分（肝油）から，印刷用インク，塗料なども作られています。また，同じく肝臓の油の中のコレステロールは，化粧品，医薬品，液晶などの原料にもされています。

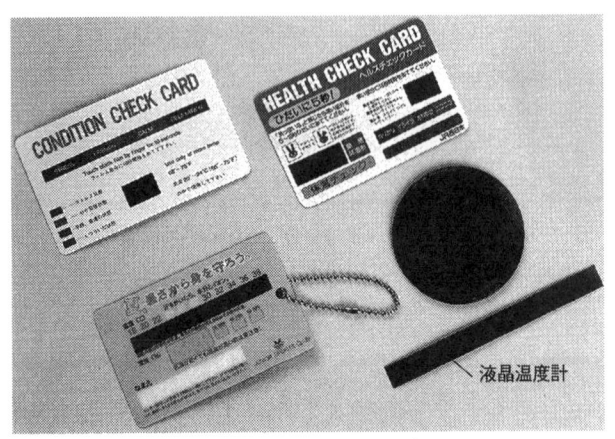

イカの肝油から作られた液晶製品

―6―

〔イカの食べ方いろいろ〕
　「サキイカ」や「塩辛」などの加工品を用意して，みんなで食べると喜ぶでしょう。
〔原料としてのイカ〕
　深く説明する必要はないでしょう。イカの肝油から作られた液晶製品が手に入ったら見せてあげるといいでしょう。

〔2〕イカの種類と祖先

〔問題〕
　イカはいったい何種類くらいいると思いますか。
①日本の周辺の海では何種類くらいでしょう。
　（予想）ア．5 種類以下
　　　　　イ．10 種類くらい
　　　　　ウ．50 種類くらい
　　　　　エ．100 種類くらい
　　　　　オ．それ以上
②全世界の海ではどうでしょうか。
　（予想）ア．5 種類以下
　　　　　イ．10 種類くらい
　　　　　ウ．50 種類くらい
　　　　　エ．100 種類くらい
　　　　　オ．それ以上
　知っているイカの名前を出し合ってみましょう。

—7—

〔問題〕
　知っているイカの名前に、「ヤリイカ」「ホタルイカ」は出てくると思います。
授業記録：知っているイカの名前をあげてもらった後に、①②の問題をやりました。出てきたイカの名前（5種類）：スルメイカ，モンゴウイカ，ヤリイカ，アオリイカ，ホタルイカ。／①ア.0人，イ.4人，ウ.9人，エ.1人，オ.1人（101種類）／②ア.0人，イ.1人，ウ.3人，エ.5人，オ.6人（170，250，525種類）　（理由）特になく、「何となく」「カン」が多数。

〈イカの種類〉

　イカの種類は，日本では約100種，全世界では450種にのぼりますが，大きく分けると「コウイカ」と「ツツイカ」の2種類になります。

　コウイカというのは，胴が平べったくて，からだの中に舟形の石灰質のかたいもの（貝殻）がある仲間です。

　ツツイカというのは，胴が筒状で，からだの中には細長い透明なプラスチックのようなもの（軟甲）がある仲間です。

●コウイカのなかま

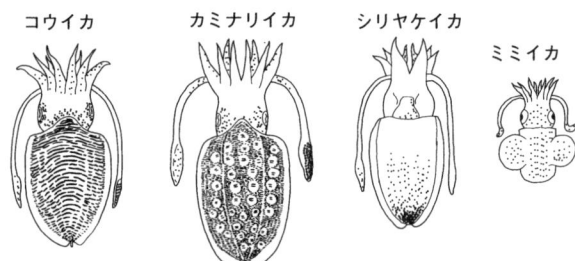

●ツツイカのなかま

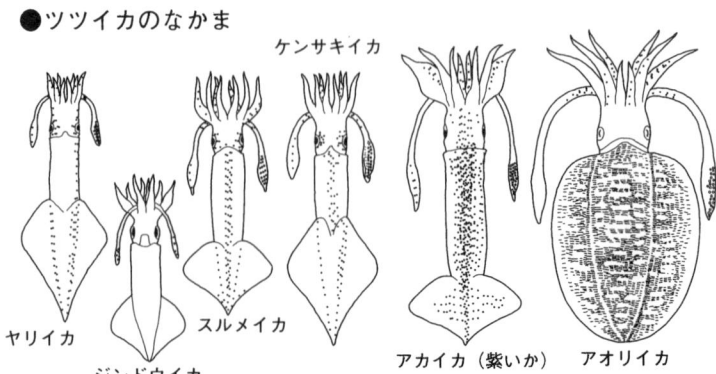

—8—

〈イカの仲間　背骨なし動物の仲間〉

　イカも貝類も，同じ背骨なし動物（無セキツイ動物）の「軟体動物」に分類される親戚どうしです。

　イカも遠い昔は重い貝殻を持っていたと考えられています。化石で有名なアンモナイトは，イカの遠い祖先でもあります。現在でも生きているオウムガイ類はイカとはごく近い間がらの動物です。イカの背中に入っているかたいものは，じつは昔の貝殻の名残りだと科学者は考えています。

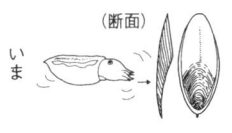

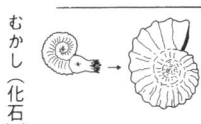

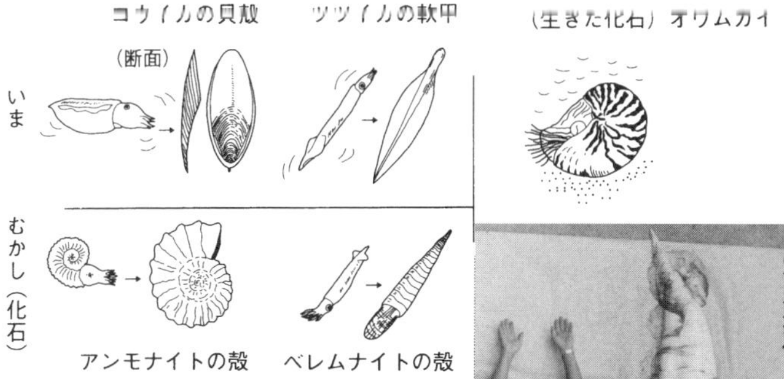

〈世界で一番大きなイカ〉

　世界で一番大きくなるイカはダイオウイカという種類のイカで，全長16.5mの大きさにおよぶものも捕まった記録があります。ただし，アンモニアの臭いが強く，食用には適さないそうです。

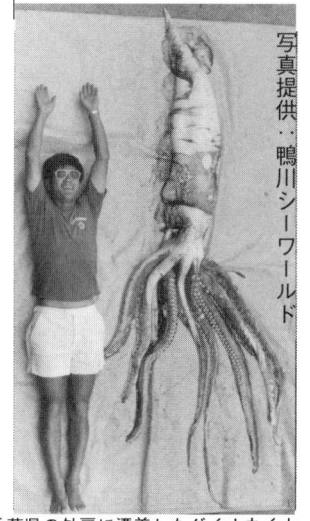

千葉県の外房に漂着したダイオウイカ

〈世界で一番小さなイカ〉

　世界で一番小さいイカの種類は、日本近海にいるヒメイカです。おとなになっても全長3〜4cmほどしかありません。

　背中に粘着組織があって、沿岸の海藻や岩に付着して生活しています。

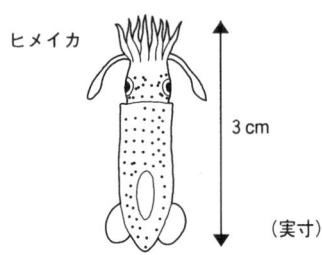

〈ヤリイカとコウイカの分布域〉

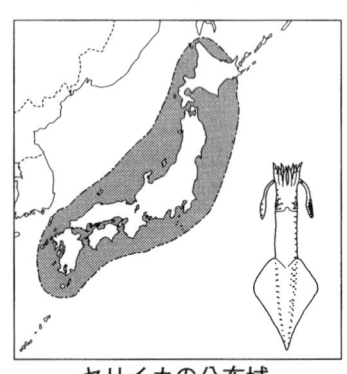

ヤリイカの分布域

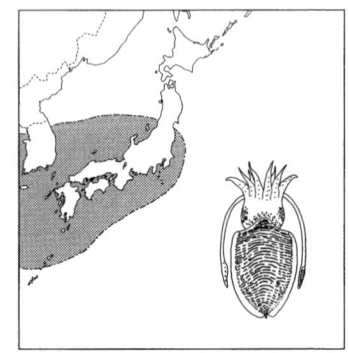

コウイカの分布域

　灰色の部分が主な漁場です。コウイカは北日本ではとることができません。

—10—

〔3〕イカの生活

さて，日本で一番よく食べられているスルメイカの生活について調べていくことにします。

〔問題1〕
スルメイカがよく餌として食べているものは，次のうちどれでしょうか？　よく食べていると思うものに○，食べていないと思うものに×を書いてください。

（予想）ア．ワカメ（　　　　）　イ．プランクトン（　　　　）
　　　　ウ．イワシ（　　　　）　エ．イカ（　　　　）
　　　　オ．サメ（　　　　）
考えがあれば出してみましょう。

―11―

〔問題1〕
　予想に手をあげてもらって，さらっといきましょう。
授業記録：（○をつけた人数）ア．11人，イ．14人，ウ．8人，エ．4人，オ．2人
（理由）ア：「うまいから」「食べやすそう」「（食べているのを）見たことがある」。イ：「食べやすそう」「見たことがある」「呼吸をするとき一緒に入っていくから」。ウ：「テレビで見たイカ釣りのルアーがイワシっぽかったから」。エ：「テレビや海で共食いを見た」。オ．「大きさが違うので，逆に食われる！いやっ！クジラとイカは闘うんだから……」
＊さまざまな理由が出ました！こんなに理由が出るなんて，高校じゃないみたいでした。イカのくち（カラストンビ）を見せるために，市販のカラストンビのお菓子（燻製状のもの。20個くらい入って約500円）を配りました。食べる前は「臭い」と言っていましたが，けっこう美味しかったようです。

〈イカの食生活〉

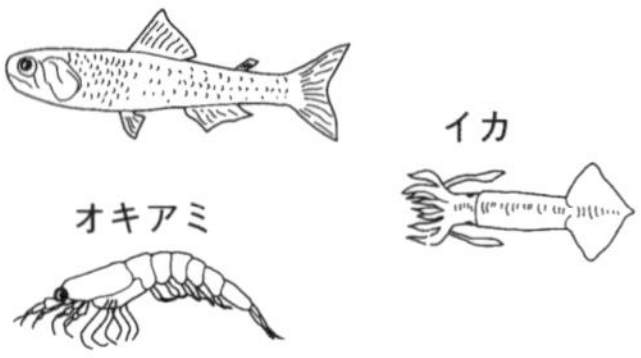

イカの食べ物は何でしょうか。

網に入ったスルメイカの胃の中を調べてみると，魚類が35%，イカ類が10%，動物プランクトン（形がエビに似ているオキアミなど）が４％でした。ですから，小型の魚や動物プランクトンを餌としていると言ってよいでしょう。

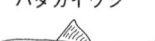

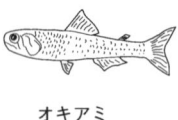

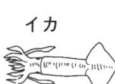

イカは「カラストンビ」と呼ばれるするどい口で獲物をひきちぎる肉食動物だったのです。また，10本のうちで一番長い「触腕」を中心として獲物を素早く捕らえて狩りをするのです。

カラストンビを横から見ると……

—12—

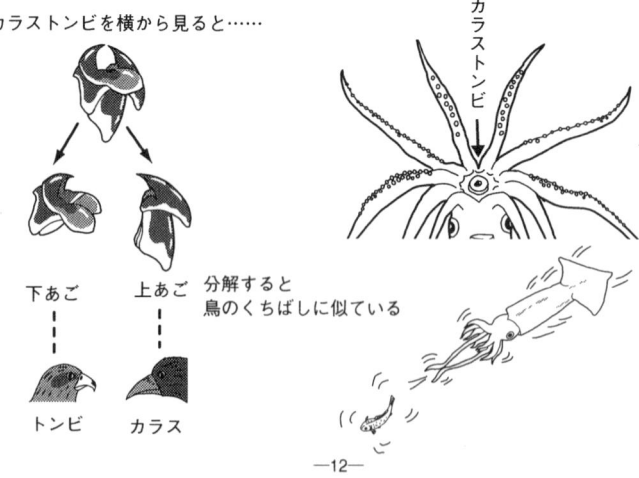

ここは解剖の際に確かめられることが多いでしょう。カラストンビなどはしっかり取り出せますし，スルメイカの胃からはよく〈魚のうろこ，イカの吸盤〉なども出てきます。

〈イカをエサにする動物〉

それではイカはどんな動物に食べられるのでしょうか。

イカは海の中では肉を引きちぎって食べる猛獣のようにも思えますが，イカにももちろん天敵（イカを食べて餌とする動物）がいます。イカは大型の魚や鳥，クジラなどの海獣のなかまによく食べられます。とくにマッコウクジラの場合には主食にされています。

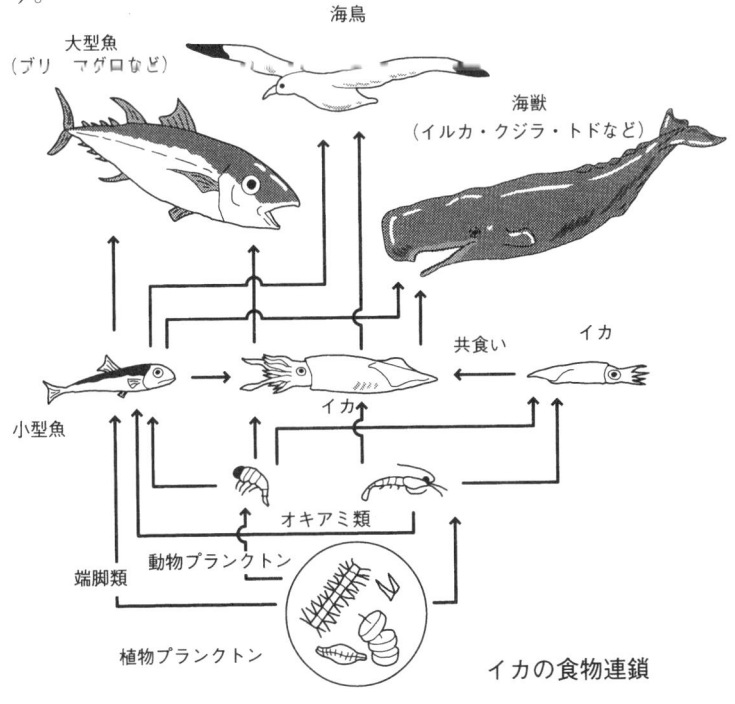

イカの食物連鎖

〔問題2〕
　スルメイカの〈寿命〉はどれくらいだと思いますか。
　（予想）ア．1年
　　　　　イ．2～3年
　　　　　ウ．5～6年
　　　　　エ．それ以上
　考えがあれば出し合いましょう。

―14―

〔問題2〕
　小学生の場合，「寿命」の意味がわからないかもしれないので，「例えば，人間の寿命は約80年だよね」と説明してあげるとよいでしょう。答えには誰もが驚きます。他の魚介類の寿命に比べてイカは短命なのではないかと思います。
授業記録：ア．3人，イ5人，ウ．9人，エ．それ以上（8年，12年，15年，14年）。（理由）イ：「大人1年で，だんだん衰えていく」。ウ：「見た」「でかいイカがいるから」「体がボロボロだから」

〈スルメイカの寿命〉

　スルメイカは，漁場でも最も重要なイカであることから，古くから年齢の調査が行われてきました。

　昔は「5年間は生きるのではないか」と考えられていたのですが，北海道の水産試験場の調査の結果，1年間で一生を終えてしまうということがわかりました。

〈イカの成長と養殖〉

　生まれたてのスルメイカは1mmほどですが，成長すると最大で30cmにもなります。つまり1ヵ月に2.5cm〜4cmくらいずつの早いスピードで大きくなるのです。

　たった1年で成長するなら，養殖には最適のようにも思えます。しかし水槽での飼育は，イカが肉食攻撃性の動物なので，生き餌や共食いなどの問題があり，養殖はとても難しく，まだ実現していないようです。

〈イカの平衡石〉

　樹木には年輪があって木のそだった年数がわかるように，スルメイカの頭の中には平衡石という白くて小さい石があって，それを見れば生まれてからの日数がわかるそうです。

　これは平衡感覚器（上下左右を感じるところ）の一部なのですが，1日に1本ずつシマ模様（輪紋）が増えていくそうです。つまり，その輪紋を数えれば生まれてから何日くらいたっているかもわかるわけです。

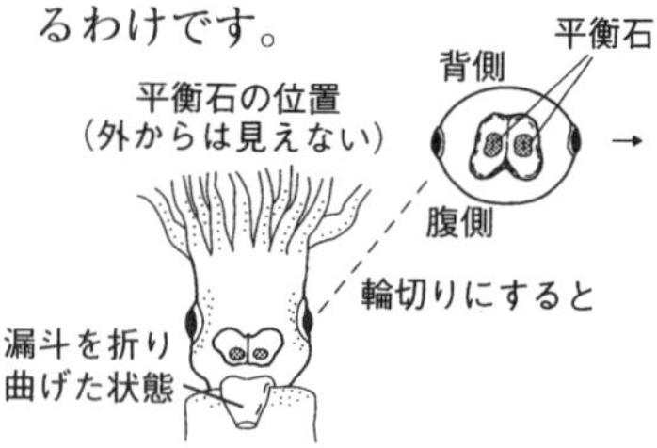

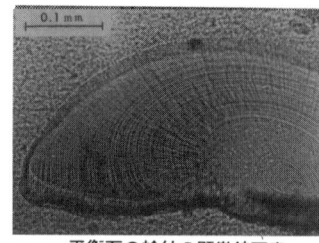

写真提供：独立行政法人水産総合研究センター　北海道区水産研究所

平衡石の輪紋の顕微鏡写真

〔問題3〕

　北海道近海でとれるスルメイカは，どのあたりで生まれたものだと思いますか。

　（予想）ア．日本よりも北方のオホーツク海
　　　　　イ．北海道近海
　　　　　ウ．北海道よりも南方の九州や中国地方の海

　考えがあれば出し合いましょう。

―16―

　平衡石は外側からは見えませんが，輪切りにすると大粒の白い砂のようなものがみつかることがあります。0.9mmくらいの大きさなので，ちょっと見つけるのは困難かもしれません。
〔問題3〕軽く予想を聞きましょう。けっこう予想が分かれます。
授業記録：ア．7人，イ．8人，ウ．4人（理由）イ「寒いところが好きそうだから」。ウ「暖かいところが良さそうだから」「TVで見た！」

〈スルメイカのふるさと〉

　北海道近海でとれるスルメイカは、主に九州地方などの南の海で生まれたものです。

　生まれたばかりのスルメイカは、1mmほどの「リンコトウチオン幼生」とよばれる、小さなプランクトンにすぎません。科学者の研究によると、それが海流にのって、餌を食べて大きくなりながら回遊して北海道などの北の海にまでやってきます。そして約半年たつと体長も20cmほどに成長します。さらに、その後3ヵ月はどたつと、今度は産卵のために、回遊しながらまた南の海にもどって、1年間という短い生涯を終えるのです。

　東シナ海などの九州周辺では、産卵直後の衰弱したスルメイカも見つかります。

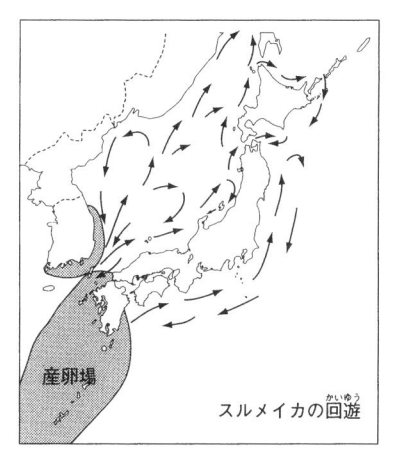

スルメイカの回遊

スルメイカの
リンコトウチオン幼生

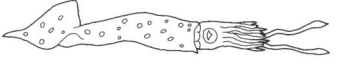

衰弱したスルメイカ

（食べてもおいしくないそうです）

〈スルメイカの受精〉

　スルメイカは,産卵のために南の海に移動する前に,オスが精子の入った袋をメスの口のまわりに植え付ける〈交接〉を行います。しかし,受精されるのはその2ヵ月もあとのことです。スルメイカのメスは,オスより2ヵ月も遅く成熟するために,卵を産めるようになるまで精子（精子のかたまり）を自分で貯蔵しておくことになるのです。

　普通の魚はメスが卵を産むとオスがすぐに精子をかけて受精させますが,スルメイカは2ヵ月も先になって,生まれ故郷にたどりつく頃にやっと受精されるというわけです。

　卵の大きさは0.8mmほどで,1回に3〜20万個も産みます。

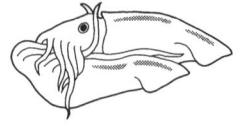

スルメイカの交接行動

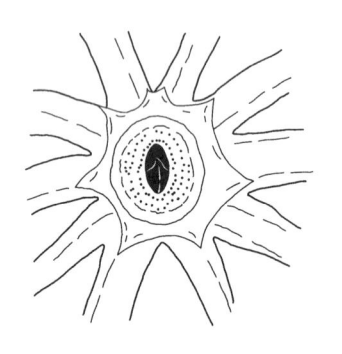

メスの口周部
白い粒状の精子（精子のかたまり）が植え付けられている。

〔4〕スルメイカの解剖
準備ができるようだったらやってみよう

(I) 解剖をする前に、下の「オス・メスの見分けが難しい未成熟体の解剖図」の「胃」「エラ」「肝臓」「生殖腺」「墨汁嚢」に好きな色を塗って確認しておきましょう。

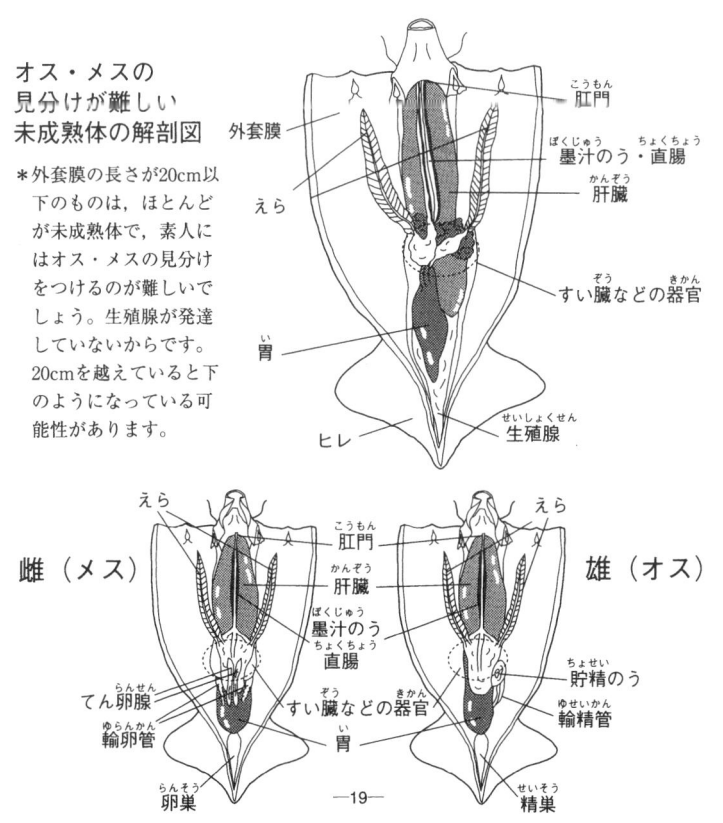

オス・メスの見分けが難しい未成熟体の解剖図

*外套膜の長さが20cm以下のものは、ほとんどが未成熟体で、素人にはオス・メスの見分けをつけるのが難しいでしょう。生殖腺が発達していないからです。20cmを越えていると下のようになっている可能性があります。

ラベル: 外套膜、えら、胃、ヒレ、肛門、墨汁のう・直腸、肝臓、すい臓などの器官、生殖腺

雌（メス） ラベル: えら、肛門、肝臓、墨汁のう、直腸、すい臓などの器官、胃、てん卵腺、輸卵管、卵巣

雄（オス） ラベル: えら、貯精のう、輸精管、精巣

―19―

（Ⅱ）イカをよく洗ってトレイの上に置き，「腕（10本のうち2本は長い触腕）」「吸盤」「眼」「漏斗」「口」を観察しましょう。

（Ⅲ）スルメイカのからだの中を解剖してみてみましょう。解剖はとても簡単です。ハサミで腹側を切り，次の手順で観察しましょう。

①「肝臓」をさわってみましょう（大回遊するスルメイカの栄養貯蔵庫である肝臓はとても大きいです。中身はイカの塩辛などに使われます）。

②「スミをためている袋（墨汁のう）」は分かりましたか？　黒くて細長い袋で，銀色に光ってます。

③「胃」は確認できましたか？（三角形で，赤っぽい色や黒い色をしている場合が多い）。後で切り開いてみるので，何を食べているかを予想しておきましょう。（予想　ア：小魚　イ：動物プランクトン（オキアミなど）　ウ：イカ）

④「墨汁のう」の上にある透明な管は直腸です。フンやスミがここを通過して肛門（その管の終わりのところ）から出ていきます。直腸を触ると肛門からフンが出てきます。実際にやってみましょう。

⑤「エラ」を触ってみましょう。ここが呼吸器官です。

⑥「生殖腺（成熟したものなら精巣か卵巣）」をさわってみましょう。

（Ⅳ）さて，本格的に解体していきます。

⑦「胃」を切ってみましょう。黒いものは小魚の骨などの未消化のもの，赤いものは動物プランクトン（オキアミなど）の可能性が高いです。また，吸盤が出てきたら，まちがいなく

—20—

共食いをしていたことになります。

⑧「墨汁のう」と「直腸」を、肝臓からはがしてみましょう。墨汁のうをしぼると、黒いイカスミが出てきます。

⑨今度は「肝臓」を少し切ってみましょう。中から茶色いものが出てきます。

⑩「エラ」をとってみましょう。すると、その先には「エラ心臓」と呼ばれる心臓がついています。ほぼ透明な袋状のものです（別のところに本物の心臓もあるのですが、素人にはわかりません）。

⑪思いきって内臓全体を手でもってはがしてみましょう。背中に「軟甲」と呼ばれる貝殻の名残があります。きれいにはがしてみましょう。

⑫直径2cmほどの「眼」をくりぬいてみましょう。さらに、眼から透明な「水晶体」を取り出してみましょう。その際、黒い液がとぶことがあるので気をつけてください。水晶体をよく水であらい、文字の上においてみましょう。拡大されて見えますか？

⑬口の部分から「カラストンビ」を取り出してみましょう。2枚のするどい茶色い〈くちばし〉のようなものです。2枚をはがして並べておきましょう。

＊イカのオスとメスの区別は難しいです。もし、イカの外套膜（がいとうまく）の長さが20cmに達していたら、糸くずのような精子（精子のかたまり）が口のまわりに見つかることがあります。そうしたらそれはメスです。また、白いかたつむりのような形をした「貯精のう」があればオス、白くて少し太いひものような「てん卵腺」や輸卵管があればメスです。

―21―

〈イカを食べよう〉

イカを次の手順で料理して食べましょう。

①外套膜・ヒレ・腕を切り離し，水でよく洗います。腕を切り離すときは，包丁やはさみを使うといいでしょう。それ以外のものはポリ袋に入れておきましょう。

②それぞれ適当な大きさに切ります。

③ホットプレートにアルミホイルをひいて（フライパンでもよい）焼きます。お好みでバターで焼いてもいいし，醤油やショウガをかけてもいいでしょう。

④後片づけは協力してやりましょう。

最後に

イカの勉強はいかがでしたか？

家の人がイカを買ってきたら，一緒に解剖しながらいろいろ教えてあげるというのも楽しいと思います。

何といっても，日本は全世界のイカの漁獲高のおよそ半分を消費している〈イカ大好き国〉です。これだけよくイカを食べていながら，イカについては案外知られていないことが多く，研究書も意外と少ないのです。

勉強をしてもっと詳しく調べたくなったら，奥谷喬司『イカはしゃべるし，空も飛ぶ　面白いイカ学入門』（講談社　ブルーバックス）などを読むとよいでしょう。

【主な参考文献】
- 『スルメイカ問答集』(静岡県農業水産部水産課・静岡県水産試験場)
- 『新世界有用イカ類図鑑』(全国いか加工業協同組合, 1980)
- 奥谷喬司著『イカはしゃべるし, 空も飛ぶ』(講談社, ブルーバックス)
- 『おさかなセミナーくしろ'93, イカの科学』(おさかなセミナーくしろ'93実行委員会編)

〔解剖について〕
●用意するもの
スルメイカ：4人に1ぱいくらいで十分です。生イカでも冷凍イカでもかまいません。冷凍イカなら2～3時間前から流水で解凍しましょう。イカの大きさにこだわる必要はありません。特に夏場は鮮度に気をつけましょう。北海道在住の僕でも最近, もっぱら冷凍イカです。魚屋さんに頼んでおくと1年中, 手に入りやすい上, 鮮度のいいイカが多いからです。
調味料：お好みで, 醤油・しょうが・バターなど。
その他：包丁もしくはハサミ, 解剖台(プレート, まな板, 銀紙, 新聞紙など), ホットプレートもしくはフライパン, アルミホイル(ホットプレートを使う場合, 下にひくと片づけが簡単), フキン(あると便利)――グループに各1。ホットプレートはクラスに1つあれば大丈夫。ゴミ袋, 石けん(手は多少臭くなりますが, 石けんで洗えば大丈夫です)。
●授業記録：(授業後にかいてもらった感想より)
胃の中身：からっぽ, 糸があった, 消化されていた, 寄生虫はいなかった。口：とがっていた, うすっぺらい, 足の根本にあって鳥のくちばしみたいな形をしている。水晶体：きれい, 透明でゼリーみたい, 文字が逆に写る, クリアーな感じ。スミ：絵の具っぽい, 結構かたく真っ黒, 色はみずみずしい黒, 柔らかかった, プヨプヨしていた。

「イカ」の授業で失敗なし！

● 子どもが「楽しい」って言ってくれる授業プランの魅力

(初出No.255, 02・7)

加藤寛子 　埼玉・吉川高校（当時：鶴ヶ島高校）

私のイカの授業が見たい！？

　7月のある日，同じ学校に勤務している社会科の山崎和達さんから，「加藤さんのイカの授業が見たいんだよね」と言われました。

　「見たい」といっても，それは山崎さんが参加している「高生研（全国高校生活指導研究協議会）」という研究団体*の，そのサークルのような場で「授業をやってほしい」ということでした。

　＊機関誌『高校生活指導』（青木書店，季刊）を発行。

　なんでそういうことになったのかというと，山崎先生が「この学校の中で一番面白かった授業は何だ」と3年生にアンケートをとったところ，多くの子が「1年生の時にうけたイカの授業だ」と答えてくれたらしいのです。

　当時私は常勤講師だったのですが，「このイカの授業は面白いから，多くの先生に体験してもらいたいな〜」なんて軽い気持ちで引き受けました。

　そんなわけで，2001年9月19日，私は埼玉県の川越市にある公民館でひらかれた「埼玉西部サークル」の席で，森永幸夫さん原案のミニ授業プラン〈イカ〉の授業をすることになりました。

（プランは本書18ぺに掲載）

「西部サークル」で授業発表

　当日そこに集まってくれたのは，10人くらいの先生方でした。

　通常の授業では一通りおこなうのに3時間ほどかかりますが，この時は早口でざっと流して90分ですませました。だから「授業」というより「授業風の発表」なのですが，皆さん，問題の予想をたて

て，その理由もいっぱい言ってくれました。最後の解剖のときは，頼りになる理科の先生がいて，私よりよく説明をしてくれました。

　授業が終わると，討議（感想・意見交換）が始まりました（詳しくは48ペの山崎さんのレポート参照）。いろいろな質問がでたのですが，特に「この授業から生徒を揺さぶることができるのか」と聞かれたときには，思いっきり「？？？」でした。そして内心，「えっ！すごい団体。私って，こんなところで授業しちゃったの！！！……」と，あせっていたのです。

　イカの授業プランで今まで失敗したことは無い！のですが，この日も高く評価してもらえました。ただ，時間がなくて感想と評価を「書いていただけなかった」のがとても残念。

　評価がいいのは「授業プラン」のおかげなのですが，なぜかあまりにも私自身が評価されてしまい，恥ずかしいくらいでした。

このプランが大好きなワケ

　私はこの授業プランを，今から5年前に，前の職場でいっしょだった権田信朗さん（埼玉・志木高校）に紹介していただきました。権田さんは仮説実験授業研究会に所属していてそういう関係からこのプランを知ったそうです。

　私は権田さんからの紹介をきっかけに仮説実験授業を知り，「狭山たのしい授業サークル」にも参加するようになりました。そして，今までに生物系の授業書をいくつかやりました。でも，一番たくさんやっているのはこの「イカ」の授業プランです。

　私がこの「イカ」の授業を続けているのは（3校の計11クラスで実施），単純に〈楽しいから〉です。好きだからです。感動するからです。

　先の公民館での「授業」では，理科の先生でも，もっともらしいことを言って間違えたりしていました。そういうところでは，一段と盛り上がります。もちろん，理科の先生の知識不足ではなく，そのように問題ができてるんです。

　生徒さんもいっしょです。普通の授業って，優等生が一番でしょ。勉強ができないとヒーローにはなれないんです。でも，この授業では，理由が面白かったり意外だったり，少人数で当たったりすると，ヒーローになれるんです。

イカの授業の魅力

「西部研究会」では、「イカの授業のどこにひかれているのですか?」という質問がありました。

一番は「解剖の楽しさ」です。イカなら材料は簡単に手に入るし、解剖は簡単だし（はさみでチョキチョキ！するだけ）、料理みたいだからあんまり気持ち悪くありません。胃の中に何が入っているのかは開けるまでお楽しみです。そしてまた、イカの肝臓はこんなにでかかったんだ、イカスミはこれだけしかなく固いんだ、目の中の水晶体はこんなにきれいなんだと驚きがいっぱいです。

しかも、最後には食べられるのです（あの匂いは魅力的）。これらの部分が一番引きつけられたところであります。

でも、それだけではありません。「イカの足は何本?」という最初の質問から、生徒の目が授業に向きます。「イカを使った製品をあげてみよう」という質問では、多くの生徒が勝手に叫びます。勝手に授業に参加してくるのです。私は、教えるというより、生徒がどんな意見を言ってくれるのかと、聞き耳を立てるだけです。生徒のつぶやきや授業に関する雑談も聞き逃さずに、もしみんなに聞こえていないようだったら私の声で拡大します。

生徒がなんて理由を言うのか聞くのが楽しいし、答えも意外で楽しい。もちろん、食べられるのも楽しい（カラストンビというイカの口のお菓子を生徒に食べてもらったりします）。要するに、この授業プラン、「生徒だけじゃなくて私が楽しい」のです。

私は、この「イカ」の授業をやっている間、その時間がとっても楽しみです。授業を早くやりたくてたまらないのです。

生徒の評価と感想

生徒が盛り上がっているようでも、教師の自己満足ってありますよね。いくら自信があっても、数字で確かめることは重要です。

そこで、1時間の最後に「授業の楽しさ」と「授業のわかりやすさ」を5段階評価してもらいます。すると、たいてい「5．(とても楽しかった・とてもよく分かった)」と、「4．(楽しかった・よく分かった)」で80～90%を占めています。

プラン終了後に「授業の感想」を書いてもらうのですが、「授業

楽しかったよ！」「イカ美味しかったよ」「また解剖やりたい」と書いてあって、読むと私が元気になります。

そして、生徒に「色々な人の考えを知って欲しい」「他の人と楽しさを共有して欲しい」と思うから、感想と評価を通信で紹介します。すると、生徒たちも他人の感想を読んで楽しんでくれます。それを見て、「また楽しい授業をやろう」って思うのです。

（授業記録は21ペ〜、生徒の授業評価と感想は54ペに掲載）

プランに忠実に進めるだけ

私はただ、「授業プランに忠実に授業を進めているだけ」です。決して私がすごいわけではないんです（全くすごくないわけではありませんが…なんちゃって）。

この授業プランは、原案は森永さんが作られたのですが、その後色々な先生が色々な学校で授業を実際にやって、「この質問は変えた方が良い」とか、「このページはわかりにくい」「ここにこの資料を使ったらわかりやすいよ」と研究をしてできたものなんです。生徒が「これは楽しい、分かる」って言ってくれるように改良していった授業プランなのです。だから、誰がやったって面白いんです。

ぜひ一度、この授業をやってみてください。

自分がこの授業をうけていたら…

高校時代、「自習時間だ！わーい」と盛り上がる自分を、違う自分が「何で学校に来ているのに授業が無くなると喜ぶの？」と冷静に見ていたことがあります。自分の意志で学校に来ているはずなのになぜ？　授業に魅力を感じなくなっていたのかもしれません。

高校時代、私は学校も勉強も好きでした。でも、もしそのころに「イカ」の授業を受けていたら、「理科の授業がもっと好きになっていただろうなぁ」って思います。もし、大学時代に「イカ」の授業を理科教育法で学んでいたら、就職ライバル（教員になりたい人）が増えていただろうなって思います。そんな授業がもっと増えても良いのになぁって思うのです。

個人の力量や名人芸だけではなく誰にでもできる授業の方法がもっと共有できたら、生徒の学校生活はもっと楽しくなっていくと思います。

生徒に評判の「イカ」の授業を体験

山崎和達(かずさと) 埼玉・鶴ヶ島高校　　　(初出No.255, 02・7)

＊「高生研(全国高校生活指導研究協議会)埼玉西部ブロック通信」(2001年10月10日発行)より転載。ここに掲載するにあたり，著者の了解を得て，タイトルその他，若干の補足・編集をさせていただきました。(編集部)

●加藤氏の授業の評判

鶴ヶ島高校3年の生徒(4クラス約120人)にこっそり「これまでで面白かった授業は」とアンケートをとった際，圧倒的に支持されたのが加藤寛子氏(生物)のイカの授業でした。

そこで，「その授業をみたい」と思い，加藤氏にお願いして「高生研(全国高校生活指導研究協議会)埼玉西部サークル」で授業発表してもらうことにしました。

発表当日，出かける際に3年女子に声をかけられ，「加藤先生の授業を聞きに行く」というと，「ヘエ，加藤先生の授業って面白いからねえ」と言ってました。どんな授業なんでしょうか。

●授業発表当日

「2～3人しか集まらないこともあるから。文化祭シーズンだし」と加藤氏にあらかじめ弱気なことを伝えてあったのですが，そんな心配は無用で12人集まりました。加藤氏には生徒相手の授業と同じものをやって欲しいと伝えてありました。授業は生物の「ミニ授業プラン〈イカ〉」です。

加藤氏は仮説実験授業の研究会に参加して授業のワザを磨いているのです。本人は「そこで学んだ授業方法をそのままやっているだけなんです。だから教材がいいというだけです。謙遜でなく」と言っていました。

テーブルにはイカが2はい。全員に授業のプリント(冊子)が渡され，それにしたがって授業が展開されていきます。

社会科教員の私としては「生物」についてはどうでもよく，加藤氏の語り口や授業法を重点的に見るつもりで参加したのですが，授業が始まってみれば，いかにも「イカ」は面白く，発問に答えていくうちに興味がわいていきます。

加藤氏の言うとおり，たしかに

よく練られた教材でした。いくつもの質問に答えるうちに，イカについて知らなかったことがわかってきて，生徒ならずとも楽しい。

最後にイカの解剖です。イカの目の水晶体がみつかったり，胃の中身がわかったり，いつも食べているイカをこれだけきちんと見たのは初めてです。

そして仕上げはイカを食べる。加藤氏がいうには「生徒は最後に食べるのが楽しいんじゃないかな」とのこと。たしかにイカは美味しい。ビールがあればもっといいという参加者の声に押されて，一人がビールを買ってきました。

そういえば，事前に「60分で発表」と伝えてあったのを，直前になって「90分」に変更したのです。驚いたのは，イカを食べるところでちょうど90分になっていたことでした。時間配分をその場で切り替えていたあたりはなかなかのものです。

●加藤氏の授業の討議

ビールを飲みながら授業の討議に入りました。

まずこの授業の特徴を考えました。加藤氏自身も指摘していますように，この授業でもっとも目立つのは，発問の量と質です。ひたすら生徒へ問いを発し続け，それに生徒が反応することで授業が成立しているわけです。生徒の側は，この教師の作った舞台に乗るかどうかが常に試されるのです。加藤氏は「問いがポイント」と言うのですが，「生徒にとって舞台に乗れる発問になっているかどうか」ということなのでしょう。

参加者の一人から「この授業で生徒を〈揺さぶる〉ことができるのか」という質問が出ました。

これ対して，千葉律夫氏が「揺さぶる」ことの意味を問い直します。要約すると次の通りです。

ここではまず何を揺さぶるかをまず問う必要がある。「関係」を揺さぶるのか，「認識」を揺さぶるか，と。

授業で揺さぶることができるのは「認識」なのだと基本的にとらえるべきで，教師側は生徒の認識の枠や認識の質を揺さぶることができたら，その授業は成功したのだ。

ただ「関係」を揺さぶる教案もありうる。例えば，いつもほとんど授業で口を開かない，おとなしい生徒がいる場合，その生徒の声を他の生徒に聞かせる

> （その生徒への他の生徒の認識を問う）ことができる授業だ。そのために班を使ったり，さまざまな仕掛けを使うことになる。

加藤氏の授業は，本質的に「生徒の認識」を揺さぶる授業ということなのですが，その揺さぶりの深さがただものではないという点で優れています。

授業が苦手な生徒を前にする時に，いくつかの深刻な困難にまず出会います。認識の「レベル」と「固着」ともいうべき問題です。

「レベル」とは，知識を階層としてとらえたときに，知識があまりに低い段階にある状態の生徒に，高校で習うべき知識をどのように注入するかという困難です。

「固着」とは，「生徒の認識の固さ」「思い込みの深さ」を意味します。それまでに身につけた「文化」をほとんど唯一のものとして絶対化する認識の状態を前に，なにも彼らに伝わらない困難ということです。加えて，教室という場で身を硬くし続けてきた10年にも及ぶ時間が作り出した，生徒の身体の硬さもあるわけで，これらの困難をどうすり抜けて認識を揺さぶるかが問題なのです。

「加藤氏の授業が鶴ヶ島の生徒に受け入れられている原因は〈発問（教材）〉以外にも加藤氏固有の授業形態にもあるはずではないか」という問いが出ました。

この問いに対して，「ニュートラル」という言葉が出てきました。「態度，語り口がニュートラルだから。啓蒙的ではないという意味です」と。

本人〔加藤氏〕も「仮説実験授業って7割8割主義なんです。全員がその場で理解するなんて考えない。8割の生徒が満足したらそれでいい。多分他の2割の生徒はそんな雰囲気の中でちょっと参加してもいいかなと思い始めてくれるでしょう。だから授業に参加したがらない生徒がいてもイラつかないんです」とあっさり言います。

この辺，教師の度し難い「重さ」から解放されていることが，押し付けがましくない語り口を生み出し，それが生徒をラクにしているのだと思えました。

まだ20代後半の講師で，すでにこの域に達しているのは……何なのでしょう。彼女が教員に採用されたら，これは脅威です。

編注：このレポートの翌年（2002年），加藤さんは本採用されました。

一気に知識が広がった

●定時制高校でも好評！　ミニ授業プラン〈イカ〉

田中一成

福岡・朝倉高校定時制

　授業プラン〈イカ〉（本書18ペ）を5時間かけてやりました。

　まず、初めの2時間で〈イカ〉のプリントを数枚やって、イカに対する基礎知識を確認し、あわせてキミ子方式でイカの絵（水彩）を描いてもらいました。これで、〈観察する眼〉を養ってもらおうというわけです。

　＊キミ子方式のイカの描き方は、
　　本書67ペを参照。

　キミ子方式ではいつも三原色と白をまぜて色をつくるのですが、その色づくりに難儀していた生徒が多くいました。それでも、「あなたは紺色でこのイカを描くのだねえ」などと、その感性に驚かされました。裏表紙の写真は生徒の描いてくれたイカです。

　次の1時間で、〈イカ〉のプリントの残りを実施しました。そして、いよいよ最後の2時間で解剖です。

●解剖の様子

　まず、「イカ」の解剖図を拡大コピーして全員に配付し、色塗りをしながら名前を確認してもらいました。

　絵を描いたときのイカを冷凍保存しておいて、それを解凍したものと、新たに購入したイカを用意しました。そして、新しいイカについては、「これは後で食べるためのイカだから、これを解剖する人たちはそのつもりで解剖してほしい」とお願いしておきました。

　そして、希望するイカを1～2人に一匹の割合で配付し、まずは腹側の外套膜（がいとうまく）を切って内臓を観察

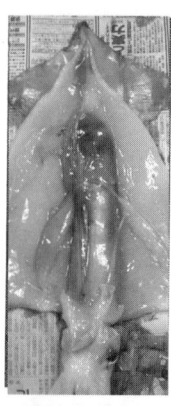

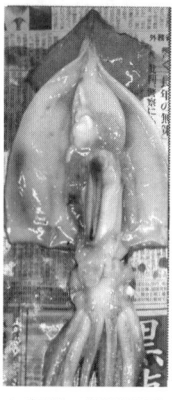

します。

上の写真が雌で下の写真が雄です。イカの雌雄は外見では解りません（一体イカはどうやって区別しているのでしょうか）。人間は解剖してはじめてイカの雌雄が解ります。イカの雄は、とぐろを巻いた貯精のう（雄性器）があるのでわかります。雌は、2本のてん卵腺（雌性器）でわかります。（解剖図は39ペ参照）

生徒が解剖している様子です。右上の写真は、胃の中にいた寄生虫。精子みたいな形をしていて頭を左に向けているのがそうです。

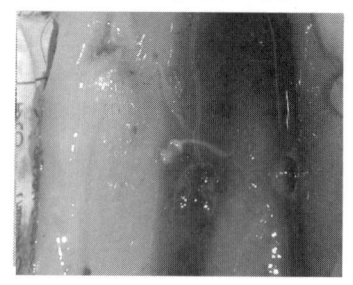

イカが新鮮であった証拠なのでしょう、生きて動いていました。「冷凍処理では寄生虫は死なない」ということなのですね。

解剖のあとはフライパンで焼きました。

食べている様子です。料理人の経験をもつ生徒もいますので、こういう作業は、はかどります。い

きいきしています。

●生徒の評価と感想（⑤が最高）

評価　たのしかったか（16人中）

| ⑤……8人 | ④…4人 | ③ | ① |

②は0人。

評価　わかったか（16人中）

| ⑤……7人 | ④…4人 | ③ | ① |

②は0人。

■イカについて知っていた事……それは足が10本あること，骨が無いこと，知っていた事といえばそんなところでした。計5時間のじゅぎょうを通して，一気に知識が広がったと思います。中でもイカの種類が日本だけで100種類ほどいることにはおどろかされました。それと，イカの解剖をする時に，気持ち悪いと言うのは，イカに失礼じゃないかと思いました。イカに対する見方がずいぶん変わったと思います。

■今日の授業はきもちわるかった。くさくてはきそうだった。

■イカの知らない部分がいっぱいあって，楽しかった。それに，イカを焼いたりしてみんなとワイワイしたのも楽しかった。

■イカのかいぼうは楽しかった‼ちょっとむずかしかった。あとイカはおいしぃー‼

■とても楽しかった。イカの体の中はぬる×2でした。あとくさかった。

①と評価した二人はけがで入院していたのですから，当然です。

（初出 No.270，03・8）

尊敬する？！

山口・**亀谷政司**

先日，イカの解剖の授業をしました（本書18ペ）。生徒たち（養護学校）はとても喜び，ヌルヌルしているイカを平気でさわる私に，「それだけでも尊敬する」などと言いながら，結構自分から触って分解していました。

時間が足らず，最後はレンジでチンして食べました。結構おいしかったです。「冷凍しておいて次の時間に焼く」という方法もあるなと思いました。

(初出No.255, 02・7)

授業プラン〈イカ〉の「評価」と「感想」

*5段階評価です。本文中の⑤～①の数字は次のことを表しています。楽しさ度「⑤とてもたのしかった，④たのしかった，③どちらでもない，②つまらなかった，①とてもつまらなかった」。理解度「⑤とてもよくわかった，④よくわかった，③どちらでもない，②わからなかった，①全くわからなかった」。

生物の時間に：高校
埼玉・鶴ヶ島高校1年1組（25人）

加藤寛子

*授業記録での反応は，授業プランの各問題の下に掲載（21ペ～）。

●生態学習（2時限）について

楽しさ度（⑤④が80%）

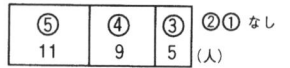

⑤	④	③	②① なし
11	9	5	(人)

理解度（⑤④が88%）

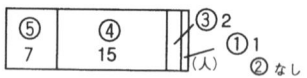

⑤	④	③2 ①1
7	15	(人) ②なし

★イカが1年しか生きられないのは意外でした。うまいからもっと生きて欲しいな。イカ万歳！！
（吉葉さん）

★イカの種類やイカの食べる物がわかったのですごい楽しかった。

★奥が深い内容だった気がする。

★イカについてよく分かった。次回が楽しみだ。

★〔授業を見学に来てくれた理科の先生〕わきあいあい？ とした授業でたのしかったです。生徒の反応も良く，授業もテンポが良かったです。積極的に文章を読みたがる生徒がいるのにはおどろ

きました。（⑤・⑤）

●解剖（1時限）について　2人欠

楽しさ度（⑤④が91%）

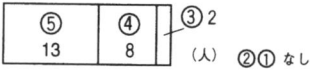

⑤	④	③2
13	8	(人) ②①なし

理解度（⑤④が87%）

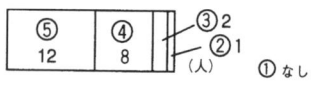

⑤	④	③2 ②1
12	8	(人) ①なし

★怖い。くさい。いたい。かわいそう。おいしい。イカの解剖は結構楽しかったです。

★解剖してみて，イカはどんなふうに，どんな場所になにがあるかわかったので良かった。

★イカの解剖をやってみて実際にやった方が何がどこにあるのかよく分かった。最初は気持ち悪かったけど，イカを食べたときはおいしかった。

★イカ好き，イカ最高，超うめえ。

理科選択で：中学校
北海道・月寒中学校3年（30人）

森永幸夫

楽しさ度（⑤④が93%）

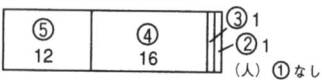

⑤	④	③1 ②1
12	16	(人) ①なし

54

★ イカが共食いをするということが信じられなかった。水晶体がきれいだった。希望としては「イカは何を食べるか？」でサメを食べてほしかった。イカは逆さまに書くなんて知らなかった。

イカの解剖のとき，みんな結構家庭的で皮の剥き方を知っているのに私は全くできなかったのでふだんの家での生活がばれてしまい恥ずかしかった。でもおいしかったよ。
　　　　　　　　　　（荒木さん）

★ 最後にやったイカの解剖が1番印象に残っている。普段スーパーなどで売っているときは何気なく見ていたけどこうして解剖してみると少し気持ち悪かった。特にイカの水晶体をとるとき目がとびでて気持ち悪かった。

でもイカの体の中がこんなになっているんだなあと知ることができて少しためになった。でも最後イカをおさしみにして食べたし焼きイカもおいしかった。その他イカのふるさとや種類，大きさなどを知ってためになった。とにかくこの授業は楽しかったです。
　　　　　　　　　　（山口さん）

★肝臓の中の液が「イカの塩辛」の材料になることを初めて知った。くさかったけどイカの体の中をしることができてとてもおもしろかったし，おいしかった。
　　　　　　　　　　（三島くん）

上白石小学校（北海道）
6年（22人）
前崎彰宏

楽しさ度（⑤④が100％）

⑤	④
20	2

（人）③②①なし

★知らないイカの種類の名前がわかった。イカの進み方も，えさの取り方も。いろんなイカを生で見てみたい。特に，昔，絶滅した「アンモナイト」などなど……見れないけどー。楽しかったー，うまかったー，勉強になったー（三拍子）。　　（林くん，⑤）

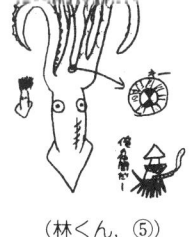

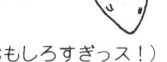

★かいぼーしてみて，ちょっちキモかったけど，楽しかった（3：7ぐらい）。とくに「イカ」はうまかった！もっかい食いてェ～！　「食す」にかぎります。
（玉置さん ⑤×100 おもしろすぎっス！） 

★イカをかいぼうしていろいろわかった。でも，もしできるならばっ世界で一番おおきな大王イカをしらべたかった。
（金くん，⑤）

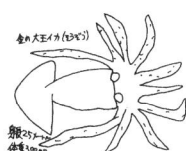

知恵を寄せ合って
「イカの定義」を作る
●授業参観で「ことばの定義」の授業

(初出No.255, 02・7)

村上道子　千葉・船橋市中野木小学校

　私は「ことばの授業」のひとつとして,「ことばの定義を書く」という授業を，10年ほど前から行ってきました〔詳しくは村上道子著『ことばの授業』仮説社，を参照〕。ここに紹介するのは，1999年の10月16日（土）に，当時勤務していた八木が谷小学校の5年生のクラスで行ったものです。このときの「定義を書く授業」の特色は，「一つのことば〈イカ〉についてひとりひとりが考えた定義を，クラスのみんなで出し合って，クラス全体でひとつの定義をつくりあげた」という点です。それまでの「定義を書く授業」では，ひとりひとりが書いてまとめた定義を発表しあうということが多かったのですが，このときは，授業参観に行うということもあって，「クラスのみんなの知恵を寄せ合って，ひとつの定義をつくりあげる」という方法をとってみたのです。

イカの定義を書いて発表する
〔ムラカミ〕今日のことばは,「イカ」です。
　　　　　「あの，イカ？」

そう，あのイカです。イカを知らない人はいますか？　いませんね。イカは漢字で「烏賊」と書きます。中国語では「乌贼」と書くそうです。日本語の漢字とよく似ていますね。発音は……佐藤さん，読んでみてください。

（佐藤さん（日本名）というのは，この年の6月に中国から編入してきた中国人のクラスメートです）

〔佐藤さん〕「乌贼　ウーゼイ（wūzéi）」

〔ムラカミ〕と発音するそうです。では，いまから3分間，辞書を見ないでイカということばの定義を書いてみてください。

――3分後，ゴジラのタイマーが「ガガガーッ」と鳴る。

〔ムラカミ〕さぁ，3分たちましたが，まだ書く時間がほしいという人？　あぁ大分いますね。それでは，さらに3分間のばします。

――また3分後，ゴジラのタイマーが「ガガガーッ」。

〔ムラカミ〕それでは，途中の人もいると思いますが，書くのは止めて，発表してもらいましょう。

――ほとんど全員が手を挙げる。

〔日比野君〕白くて，海の中にすんでいる。

〔高橋さん〕骨がない動物。

〔ムラカミ〕「骨がない」ということを別の言葉で書いた人，いませんか？

〔佐藤さん〕体はやわらかい。

〔福島君〕なんたい動物。

〔ムラカミ〕なんたい動物というのは「軟体動物」と書きます。

〔中村君〕足が十本ある。

〔ムラカミ〕足のことを他のことばで書いた人？

〔和田さん〕いっぱいある。

〔神子さん〕きゅうばんをもっている。

〔ムラカミ〕あぁ,「きゅうばん」ね,「きゅうばん」の「きゅう」というのは「吸」という漢字を書きます。この字を「きゅう」と読むというのは,きのうの理科の時間に出てきましたね。「普及」の「及」,「学級」の「級」,「呼吸」の「吸」,全部「及」という部分がついていて,この部分が「キュウ」という音を表しているんですね。さて,「呼吸」「吸盤」の「吸」は,訓読みでは,どう読むのでしょう？

〔安部君〕すう。

〔ムラカミ〕そうですね。「呼吸」は「はいたり,すったりする」ことで,「吸盤」は「すいつく」ところですね。だいぶ出ましたが,まだありますか？

〔伊藤さん〕黒い墨をはいて,自分を守る。

〔ムラカミ〕「黒い墨をはく」,これも大事な特徴ですね。自分を何から守るのでしょう？

〔松本さん〕敵から守る。

〔ムラカミ〕「黒い墨をはく」といえば,さっき中国語ではイカのことを「烏賊」と書くといいましたが,じつはイカをあらわす中国語はもう一つあって「墨魚」と書くそうです。

　　　　　「すみざかなだ」

そう,「すみ（墨）ざかな（魚）」と書くんですね。佐藤さん,読んでみてください。

〔佐藤さん〕「 墨魚　モーユイ（mòyú）」

〔ムラカミ〕と発音するそうです。文字はよく似ていますが,読み方はずいぶんちがいますね。ほかにまだ,ありますか？

〔木野君〕タコと似ている。

〔ムラカミ〕あぁ,イカとタコは「軟体動物」という同じ仲間ですね。

〔井上君〕「いっぱい,にはい」と数える。

〔ムラカミ〕あぁ，数え方ですね。イカは特別な数え方をするんですね。よく知ってましたね。漢字で「一杯，二杯」と書きます。

〔佐藤君〕生で食べたり，焼いて食べたりする。

〔ムラカミ〕あぁ，食べ方ね。イカは食べられますね。この「食べられる」ということを，なんていうでしょう？

〔榊君〕食用にする。

〔ムラカミ〕そう「食用にする」というのね。まだ，ありますか？

〔日比野君〕ぎょかい類。

〔ムラカミ〕あぁ「ぎょかい類」なんていう言葉，よく知ってますね。魚屋さんにはいろいろな「ぎょかい類」が売られていますが，魚の他に，ぎょかい類というと，どんなものがあるでしょう？

〔赤坂さん〕貝

〔米田さん〕エビ

〔杉浦さん〕カニ

〔ムラカミ〕そうですね。魚，貝，エビ，カニ，イカ，タコなどをまとめて「ぎょかい類」といいますね。漢字では「魚介類」と書きます。まだ，ありますか？

〔柿沼君〕小さいもので4cm，大きいもので8mにもなる。

〔ムラカミ〕あぁ，大きさですねぇ，大きさは，動物のことを書くときに，欠かせませんね。「大きいもので……にもなる」という書き表し方，いいですね。こういうことは，なにか調べたの？

〔柿沼君〕前に図鑑で見た。大きいのは「ダイオウイカ」。

〔ムラカミ〕あぁ「大王イカ」ね。まだありますか？

〔柿沼君〕50万年ぐらい前から生きている。

〔ムラカミ〕ほぉ，そんな大昔から生きているんですか。人間よりずっと先輩ですね。さぁ，このクラスのみんなの知恵を寄せ集めると，イカの定義がこんなにたくさんになりました。さて，ここに書かれたことで，何か，意見があったら，出して下さい。

〔佐藤君〕さっき，「骨がない」って言ったけど，イカには，体のまんなかに一本，骨みたいなのがある。

〔ムラカミ〕あぁ，なるほど。どうですか，このことについて。そう，たしかにイカには，うすいペラッとした骨みたいなのがあるのですが，あれは骨ではないんですね。ほかには？

〔當麻君〕「白くて」って言ったけど，イカは，とうめい（透明）。

〔ムラカミ〕ほかに，色のことを書いた人？

〔古川君〕水の中では透明で，ゆでると白くなる。

〔伊藤さん〕体の色をかえる。

板書

イカ（烏賊）　（中）　乌贼・墨鱼
白くて，海の中にすんでいる。骨がない動物（体はやわらかい，軟体動物）。足が十本（いっぱい）ある。きゅうばん（吸盤）をもっている。墨をはいて敵から自分を守る。タコと似ている。一杯，二杯と数える。生で食べたり，焼いて食べたりする（食用にする）。魚介類。小さいもので4cm，大きいもので8mにもなる。50万年ぐらい前から生きている。体の色を変える。

辞書で調べる

〔ムラカミ〕それでは，ここで，みなさんの持っている辞書で調べてみましょう。動物図鑑ではなく国語辞典ですが，どんな定義が出ているでしょうか。では，引いてください。

——数秒で，あちこちから辞書の説明を読み始める声がする。「出てない」「出てない」という声も聞こえる。

〔ムラカミ〕速いですねぇ。みなさん，ずいぶん辞書を引くのが速くなりましたねぇ。出てない辞書の人が3人ほどいるようですが，あとの人たちはみんな見つけられたようですね。それでは，辞書の定義を読んでもらいましょう。他の人は，よ〜く聞いていて下さい。そして，黒板に書いてある，このクラスのみなさんで考えた定義に入っていないことがあったら，発表してください。

〔佐々木君〕「海にすむ動物の一つ。筒状の胴体に十本の足をもち，からだはやわらかい。敵におそわれると，すみをはいてにげる。食用」

〔ムラカミ〕いま読んでもらったなかで，みなさんの定義にはなかった説明は，ありませんでしたか？

　　　　　「つつじょうの胴体」

〔ムラカミ〕そうですね。「つつじょう」というのは，どういうことか，わかりますか？ イカの形を簡単に書けば，だいたいこんな形になりますね（右図）。「つつじょう」は，漢字で「筒状」と書きます。この「筒」という字のつく言葉，知っている人，いませんか？

〔赤坂さん〕たけづつ（竹筒）

〔ムラカミ〕そう，「竹筒」という言葉があります。（そういえば，「筒」という漢字には「竹かんむり」がついていますね）ほかに，「お茶を入れておく入れもの」のことは？

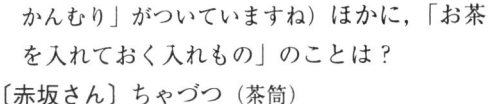

〔赤坂さん〕ちゃづつ（茶筒）

〔ムラカミ〕そう，イカの胴体が，竹筒や茶筒のような筒状になっている，というんですね。それでは，また読んでもらいましょう。

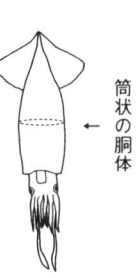

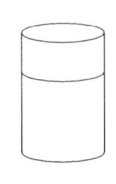

〔中村君〕「海にすむ動物。体はやわらかく,口のまわりに十本の足をもつ。敵に会うとすみをはいてにげる。食用」

〔ムラカミ〕何か,新しいことは?

〔嶋崎さん〕「口のまわりに10本の足」

〔ムラカミ〕そうですね。足が出ているのは,「口のまわり」だっていうんですね。

〔橋本君〕「海にすむ動物。スルメイカ,ヤリイカ,ホタルイカなど,種類が多い。胴は細長いふくろの形で,十本の足が頭の部分から出ている。敵にあうとすみをはいてにげる。食用にする」

〔ムラカミ〕新しいことは?

〔坂口君〕「ヤリイカ」

〔進藤君〕「ホタルイカ」

〔ムラカミ〕そういうのを,イカの何ていうの?

〔冨沢君〕「イカの種類」

〔ムラカミ〕そうですね。まだ,ありましたか?

〔万道さん〕「胴は細長いふくろの形」

〔ムラカミ〕さっきは「筒状の胴体」と書いてありましたが,同じことを今度は「細長いふくろの形」と言っているんですね。まだありましたか?

　　　　「足が頭の部分から出ている」

〔ムラカミ〕そう,「足が頭の部分から出ている」っていうんですね。そうすると,イカの頭って,どこなんでしょう? だれか,この図で頭の部分を指してください。

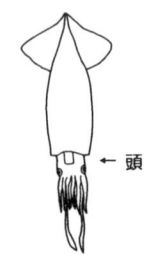

——ここで,井上君が前に出てきて,イカの「頭」の部分を指す。

〔ムラカミ〕そう,ここがイカの頭なんですね。上の三角形のところが頭じゃないんですね。この頭の部分にギョ

ロッとした目があるんですね。
〔内山君〕「頭に十本の足があり，胴にひれがある海にすむ動物。敵にあうとすみを出してにげる。食用にする」
〔ムラカミ〕何か，新しいことは？
〔菊地君〕「胴にひれがある」
〔ムラカミ〕今度は「胴にひれがある」っていうんですね。「ひれ」って，どこでしょう？
——ここで，伊藤さんが，イカの「ひれ」を指す。
〔ムラカミ〕この三角形のところが，「ひれ」なんですね。
〔清水さん〕「海にすむ動物の一種。十本の足のような腕をもつ。敵に出あうとすみをはいて逃げる。食用。干したものを〈するめ〉と言う」
〔ムラカミ〕まだ，新しいことがありましたか？
〔宮崎君〕「十本の足のようなうで」
〔ムラカミ〕足のような「腕」だっていうのね。あの長いのが。図鑑（『魚や貝の図鑑』小学館）には「腕（足）が10本あり」と書いてありましたから，「腕」でも「足」でもいいのでしょう。
〔神尾さん〕「海にすむ動物。からだはやわらかく，十本の足を持つ。敵にあうと墨をはいてにげる。肉は食用になり，さしみにしたり，ほしてするめなどにする」
〔ムラカミ〕新しいことは？
〔古川君〕「さしみにしたり」
〔ムラカミ〕みなさんの定義では「生で食べたり—」というところがありましたね。
〔新妻さん〕「海にすむ動物の一つ。10本の足がある。敵にあうとすみをはいてにげる。食用」
〔宮寺さん〕「海にすむ体のやわらかい動物の一つ。口のまわりに

いぼのついた十本の足がある。敵にあうとすみをはいてにげる。やりいか，するめいかなど種類が多く，食用になる」

〔ムラカミ〕何か，新しいことは？

「いぼのついた十本の足」

〔ムラカミ〕みなさんの定義に出てきた「吸盤（きゅうばん）」のことを，「いぼ」と言ってるんですね。さて，みなさんの書いた定義と辞書の定義を比べてみると，どうでしょう。また，こういうふうに「ことばの定義を書く」という授業はどうでしょうか。どんなことでもいいですから，思ったことを書いてください。

感想文から

■相手に教えるつもりで　　　　　　　　　　　　　日景　彩香

　私は，国語の勉強で言葉の定義で，辞書みたいに教える風に書きました。もし私がよくわかんないことを，今日の勉強みたいな説明だと，きっと理解できると思います。これだと，相手に教えるつもりで，ちゃんと理解してくれると思います。

■定義を書くとくわしく知ることができる　　　　　赤坂　舞

　今日この勉強をして，イカの説明を書いて，みんな，たくさんのイカの説明を書いて発表していました。私も，少し書いて発表しました。定義を書いて，今までアサガオはただの花だと思っていたけど，定義を書くことによって，アサガオのことをちゃんとくわしく知ることができました。この勉強は，とてもたのしかったです。

■「な〜んだ」と思うものを調べると　　　　　　　伊藤　光

　今日の授業参観で「イカ」と聞いて，「な〜んだ」と思ったけど，みんなのを聞いたり，辞書をしらべたりすると，いろいろな

ことがでてきた。まえにもいろいろやったけど，なんだと思うものをしらべると，思いつかなかったものもあって，たのしかった。もっといろいろしらべてみたいです。

■イカの目は 　　　　　　　　　　　　　　　　　　　清水　千尋

　今日は，びっくりしました。辞書を書くつもりで書くんだけど，今日は，イカの説明を書きました。イカって（右図）みたいので，①にさしているように，そこの部分に目があると思っていたら，②のところに目があるというから，びっくりしました。思ってみれば，イカを料理していたとき，目がなかったです（①に）。

　今日の授業，たのしかったです。

■辞典を書いた作者になった気分 　　　　　　　　　　當麻　誠仁

　ぼくは，この言葉の定義を勉強して，辞典を書いた作者になった気分です。最初は，どういうのかなと思いました。そして，やってみたら，すごくたのしかったです。だんだんうまくなってきました。この勉強は楽しい。

■本物の辞書よりもわかりやすかった 　　　　　　　　　本田　英都

　ぼくは，この国語の授業で，自分たちが辞書の作者になって，辞書のようにわかりやすく書きました。それが，本物の辞書よりもぼくたちが書いた方が本物の辞書よりわかりやすかったので，とてもうれしかったです。これからも，この授業をしたいです。

知恵を寄せ合って学ぶ

　初めにも書いたように，この授業は授業参観に行きました。この日の帰り道でクラスのお母さんの一人に会ったとき，「授業が

とてもよかった。授業というのは，こういうものだと思った」というようなことを言われました。これはとてもうれしいことばでした。

　授業参観のあとの懇談会で，私はいつもこんな話をします。——「授業というのは，クラスのみんながそれぞれの知恵を出し合い，友だちの知恵も借りながら，みんなでいっしょに賢くなっていくものです」——あのお母さんのことばは，私のこのねらいを理解してくれたのではないかと思いました。

　「みんなの知恵を寄せ合って学んでいく」ということは，仮説実験授業をみれば分かりやすいと思いますが，仮説実験授業以外の授業でも，可能でしょう。「ことばの授業」では，ことばのやりとりをしながら語源のなぞをさぐったり，比喩や同音異義語のおもしろさを解きあかしていきます。この定義を書く授業でも，ひとりひとりの考えた定義を寄せ合うことによって，全体として「イカ」というひとつのことばの定義を完成させていきました。

　この授業の感想文の中で，子どもたちは「相手に教えるつもりで書くと，ちゃんと理解してもらえる」「他の人の話をきくと，知らなかったことも知ることができた」「本物の辞書よりもぼくたちが書いた辞書の方がわかりやすかった」というようなことを書いています。こうしてみんなの知恵を出し合っていく過程で，「あぁ，なるほど」「そうだったのか」とわかっていく一瞬一瞬が授業のたのしさの大きな要素ではないか，と私は考えています。

（今回イカというテーマを取り上げたのは，身近にあって誰でも知っているもので，定義を書くとなるとちょっと考えさせられ，でも書こうと思えばかなり書けるような素材だと思ったからです。なお，この授業では，子どもたちの考えた定義をそのまま取り上げていますが，その内容は必ずしも科学的な定義として正確であるとは限らないでしょう。ただ，この授業のねらいは，自分たちで考えた定義を出し合うということにあるので，それでよいのではないかと考えています）

(初出No.255, 02・7)

キミ子方式で「イカ」を描こう

松本キミ子・堀江晴美著『絵のかけない子は私の教師』(仮説社) より転載。(元のタイトルは「にじませてにじませて いか 授業メモ②」148ペ)。

「いか」はにじませていいかげんに描く。急いで急いで描く。急いで描かないとにじまないからです。筆は太筆，絵の具はたっぷり。何から何まで「草花」とはちがいます。

題材の配列は裏切るように――。だから，緻密に，神経質に描く「草花」の授業の後には，必ずこの「いか」の授業をしてください。

人間の集団の中には必ずこんな人がいるでしょう。粗野で落ちつきがなくて，そそっかしくて，だけど元気だけは人一倍ある。そんな人にぴったりの授業です。ダイナミックに，適当に。形より生命感を大事にしましょう。動物は，主体的に動いてこそ命が光輝く。生命感がでると動物らしくなります。

「いか」を描いた後は，煮たり焼いたりして食べてみては？ 楽しさも倍になります。

●**用意するもの**

・冷凍いか。上等なさしみ用のいかは高いだけでなく，白っぽいので面白味に欠ける。安い冷凍いかの方がよいのです。1人1杯あるのが望ましいが，4人で1杯くらいまではなんとかかけるでしょう。

・机やいすは廊下に出して，床の上でかく。いつも「いか」を真上から見てかく。四つんばいになるとよい。四人で一杯のいかを描くときは図のように広がる。

・絵の具は赤・藍・山吹・白。たっぷりつくる。

・太筆

・四つ切白画用紙

●**描く順序**

①三角のてっぺんを描きます。線にならないように，水たっぷりでにじませながらとなりとなりと描き，面にします。

②背骨(？)――背中の中央を走っている線をグジュグジュと描きます。スーッとかくとにじまないから，絵の具と水を何べんもつけながら描くとよい。

③背中・左半分をかきます。「⊂」(「つ」の逆)で，ゴロッゴロッと。背骨の上に重ねてかくようにします。にじませるた

めです。

④背中・右半分をかきます。「つ」でゴロッゴロッと。

⑤胴体の下部をリンカク線でしっかりとかきます。さわらせてみましょう。さわるとコリッとしています。リンカク線がめだちすぎたら、後で水をつけてにじませます。――休憩。⑤までかいたら、ひと休みします。ひと休みしないとせっかくのリンカク線がにじみすぎて、グジャグジャになってしまうからです。

⑥胴体と顔のつながりを描きます。グジュグジュとかく。

⑦顔をリンカク線だけで描きます。中はまだぬらない。目をかいた後です。

⑧目をかきます。⑦のくぼみに黒目、白目の順でかきます。目はにじんでもよい。イカの目は人間の目とちがってダイヤモンド型です。

⑨上下のまぶたをかきます。

⑩顔をぬります。顔と11の前足6本は同じ色なので、たっぷり色をつくっておきましょう。

⑪表側にある、前足6本をかきます。この時、いかの足は好きなようにおきましょう。短い足が2本、中位の足が4本あります。番号順にかいてください。足の先は、根っこの先をかくのと同じように、ゆっくりとスーッともちあげるようにしてかくと細くかけます。

⑫裏側の後足4本をかきます。7と8の足は、9、10の一番長い足より、必ず内側にあります。

⑬9・10の足の吸盤を、足の上にのせるようにしてかきます。9・10の足には先の方にしか吸盤はない。まん中から上下にかく。だんだん小さくなっていく。

⑭3・4・5・6の足の吸盤を、足の内側にかきます。これらの吸盤は、上から下までズラッとあります。

⑮7・8の足は、足の上に吸盤をかきます。上から下まで同じ大きさでズラッとあります。1・2の足の吸盤は真裏にあるので見えません。だからかきません。

いろいろ細かくかいてきましたが、この授業で最も大事なことは、「にじませる」ということです。これさえできれば成功と思い、気楽にやりましょう。

第2部

な，なんと！

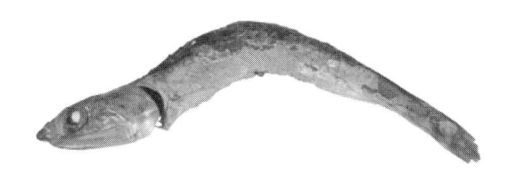

「煮干し」の授業

> (初出 No.278, 04・3)
> チョーおすすめ！
> # 煮干しの解剖
> 岩手・志田竜彦

　仮説実験授業研究会の冬の大会で，小林眞理子さんが紹介してくださった「煮干しの解剖」(71ぺに掲載)を，さっそく授業(中学3年の選択理科)でやってみました。小林さんのアドバイスの通り，「なるべく身体が大きくて，姿勢のいい煮干しを使う」ことを心がけて準備しました。

　ぼくの授業は生徒さんが4人なので，小林さんからいただいた図版は1セットあれば十分でしたが，2～3人に1つずつあったほうがよいと思います。授業では，4人とも図版にあるすべての器官を確認することができ，たったの15分で解剖の授業が終わってしまいました。

　せっかく煮干しがたくさんあったので，残りの時間は全校生徒(21人)と教職員(10人)のみそ汁作りをしました。肝心の生徒さんの感想ですが，「煮干しにもちゃんと(人間と同じような)器官があるんだね」というものでした。この授業，煮干しと図版の準備さえちゃんとできたら，あとはかんたん，チョーおすすめの授業です。

> (初出 No.287, 04・11)
> 校内研究で
> # 煮干しの解剖
> 岩手・志田竜彦

　10月13日の私の研究授業は，〈煮干しの解剖〉(『たのしい授業』No.278，本書71ぺに再録)。クラス6人全員が「たのしく解剖できた」と評価してくれました。参観の先生方の中には，自分で実際に解剖してみた人も。本来の校内研究のテーマを忘れ，たのしく授業してしまいました(笑)。

　これは，保護者参観日の授業にも向いていますね，きっと。続きでもう一時間授業があったら，解剖した煮干しでダシを取って，味噌汁を作るんだけどなあ。

指で割るだけ！煮干しの解剖

(初出 No.278, 04・3)

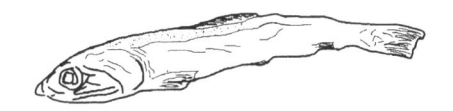

小林眞理子

東京・小平市上水中学校・東久留米市下里中学校講師

　解剖の授業はいかがですか。

　解剖といっても，手先で煮干しを割って，体のしくみをいろいろながめてみるだけ。「たかが煮干し」とあなどれません。目の水晶体，脳，エラ，心臓，胃，骨を取り出したりもできるのです。仮説実験授業の授業書《背骨のある動物たち》のあとや「からだのつくり」の単元の教科書授業，選択理科などでもおすすめです。

　煮干しは，中学の理科の教科書にある「食物連鎖」の単元で，〈胃の内容物を観察しよう〉という教材になっています（『新しい科学2分野下』東京書籍）。また，高校でも，胃や腸の内容物でプランクトンを観察する材料として一般的に使われているそうです。

　2002年夏，東京の科学技術館で行われた「青少年のための科学の祭典」で静岡県浜松西高校の芥川昌也さんが「ニボシのかいぼう」を紹介されていました。小学校3～4年生の子どもたちも芥川さんの手ほどきで煮干しを解剖し，上手に脳，心臓，胃を取り

出していました。芥川さんは、ヒトの脳と魚の脳を比較するために紙粘土で作った模型を用意されたり、レンズ掃除用のブロワーを使って魚の一心房一心室を説明されたりと、サービス満点。小学生も大人も立ち止まる人気コーナーになっていました。

　この解剖は、準備も簡単で、後かたづけも楽です。とても楽しい雰囲気ででき、解剖ならではの感動もあります。それ以来、授業で使う方法をいろいろ考え、私の選択理科の定番になりました。

●準備するもの
■必ず準備するもの——カタクチイワシの煮干し（約10cm～）、Ａ４～Ｂ４の紙

　カタクチイワシの煮干しは、値段が安くて、体の大きさの割に内臓が大きいので見やすいようです。地方によって呼び名が違い、「背黒イワシ」「シコイワシ」「エタレ」「コシナガ」などとも呼ばれていますが、ほぼ全国で売られているようです。

　サイズは、乾物店や大きなスーパーなどで売られている10cm以上の大きいものを使います。お腹の破れているものが少ない袋を選びましょう。ペット用の煮干しは比較的に大きいのですが、人間が食べられないのは、ちょっと……。余った煮干しを食べるたのしみがなくなります。

　だいたいの目安として、１人２～３匹あるとよいでしょう。失敗してもやりなおせます。30人規模のクラスなら、１kgで４クラスできます。

　作業するときは、Ａ４～Ｂ４の紙の上で作業をします。後かたづけのとき、そのまま包めるので便利です。

■その他にあるとよいもの――ピンセット，つまようじ，
　　顕微鏡／ライトスコープ*，水，台紙，セロテープ

　指先でじゅうぶん作業できますが，ピンセットやつまようじなどがあれば便利です。

　画用紙でＢ５判の提出用台紙を作って，とりだした器官をセロテープで貼ってもらっています（口絵及び文末参照）。これは，煮干しの解剖を気に入って，私より先に授業にかけた山本美知さん（埼玉・新座三中）に教えてもらいました。

＊プレパラートのいらない，倍率30倍のライト付き顕微鏡。仮説社取扱。

●解剖体験マニュアル

　このマニュアルは大人向けです。実際に授業でやるときは，年齢，人数，時間によって，「どの器官を見てもらうか」に変化を持たせることができるでしょう。そこで，より詳しく見せたいときのために，見つけるのが難しい器官を「上級編」として，以下，☆印をつけておきます。

■頭の部分で見られるもの

　まずは，イワシの頭です。脳，えら，目（水晶体）を見ていきます（上級編は，鰓耙，視神経，耳石）。

①図のように頭をとりはずします。このとき，胴体との接続部分に黒い内臓部分がくっついてとれる場合があります。

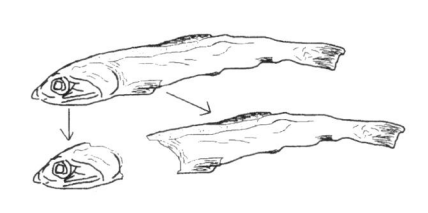

内臓は別に見ますので，捨てないようにしてください。

73

②頭を割って開きます。頭を真上から見ると, 角張って平らなところがありますが, この部分のうしろあたり (胴体側) が頭蓋骨です。平らなところに爪をあてて, 頭を二つに割って開いてみましょう。頭の「開き」をつくる感じです。中身が片方に寄ってしまっていてもかまいません。脳が見やすいのでこの割り方がおすすめです。

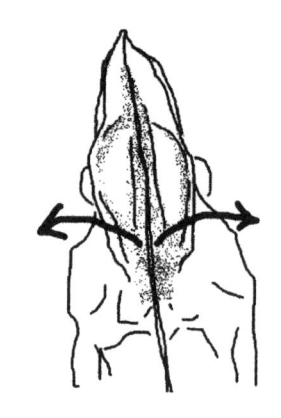

③頭の内部を見ていきます。ここからは76ページの図と見比べながら作業してみてください。脳から反時計回りに紹介します。

脳……目の隣のあたり, 頭蓋骨の中に, うすい茶色のキャラメルのような色の脳 (中枢神経) がはいっています。やわらかいので, そっと取り出してみましょう。大きなふくらみが中脳で, 小脳, 延髄もつながっています。大脳は小さすぎて目立ちません。脳が見つからなかったら, 開きの反対側も探してみましょう。

脳の拡大図

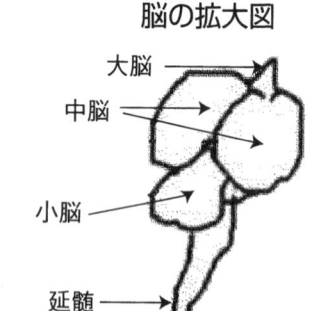

大脳
中脳
小脳
延髄

耳石☆……脳のとなりに, 1mmくらいの真っ白いゴマ粒のような形のものがあったら, それは耳石です。魚の平衡感覚に関係があります。顕微鏡で調べると断面に輪のような模様があり, 輪の数で魚の日齢がわかります。カタクチイワシの寿

命は2〜3年くらいだそうです。同じ形のものが左右に1個ずつありますが頭を割るとき落ちてしまうことがあり、見つけにくいかもしれません。

エラ……U字型の骨の外側をとりまくように、赤茶色のクシの先端のようなひだがくっついています。これがエラです。細い血管が集まっているところなので、赤茶色に見えます。水がひだを通り抜けるときに、水に溶けている酸素を血液の中に取り入れたり、いらなくなった二酸化炭素を血液から捨てたりしていたのです。この血管は、骨の下部のところで心臓につながっています。

鰓耙(さいは)☆……U字型の骨の内側には、白い毛筆の先のような形のものがくっついています。これは「鰓耙(さいは)」という名前の部分で、口にはいってきた水の中から、えさをこしとる役目をしています。水は、「鰓耙(さいは)→エラ」を順に通り抜けて、エラぶたから外へ出ていきます。このとき、魚は、鰓耙(さいは)にひっかかったえさだけを飲み込むことができるのです。

目(水晶体)、視神経☆……真っ黒に見える丸いものは目玉の裏側です。茶色の糸のようなものが黒い目玉から出ているのが見えるかもしれません。それは視神経です。目の網膜(もうまく)にうつった情報を脳に伝えるため、脳につながっています。ひっくり返して、目玉を外側から見ると、水晶体(レンズ)があります。水晶体は白くて丸いボールのような粒です。人間の水晶体は凸(とつ)レンズのような形で、レンズの厚みを調節してピントあわせをしていますが、魚はレンズそのものを動かして網膜からの距離を変え、ピントをあわせているそうです。

頭の部分で見られるもの

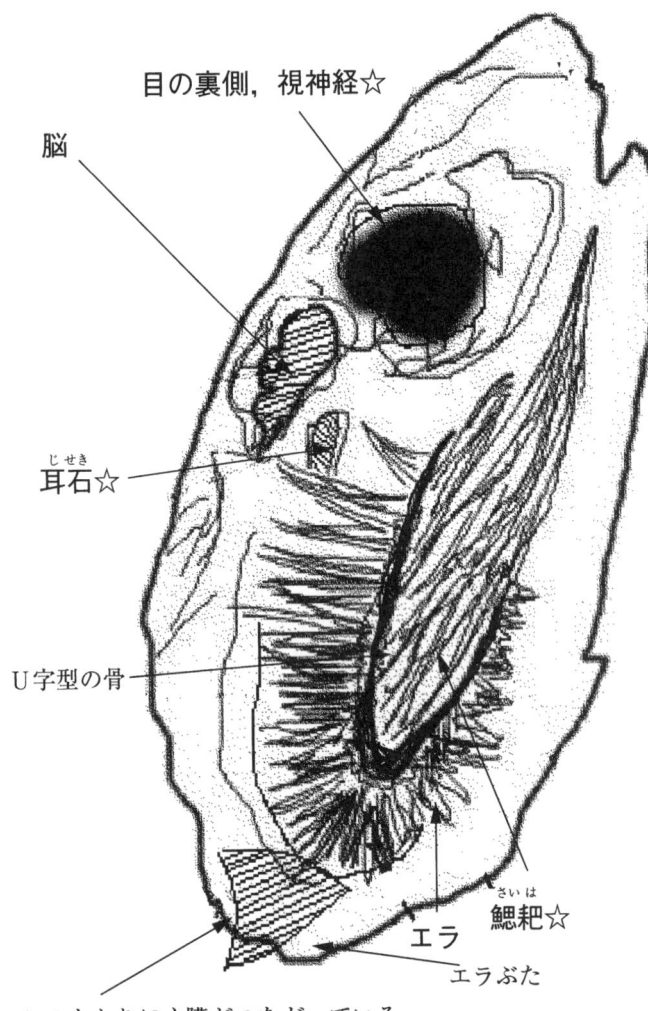

目の裏側，視神経☆

脳

耳石（じせき）☆

U字型の骨

鰓耙（さいは）☆

エラ

エラぶた

このあたりに心臓がつながっている

目の裏側，視神経☆

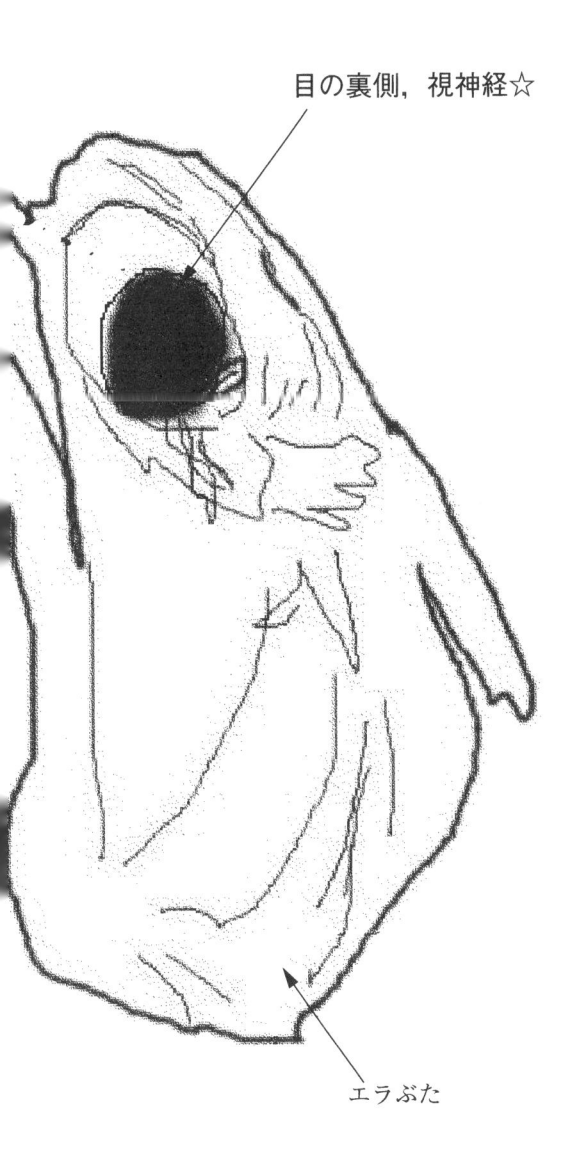

エラぶた

■胴体の部分で見られるもの

　今度は頭から下の部分を見てみましょう（図は80〜81ペ参照）。ひれ，内臓（心臓，肝臓，胃），骨，筋肉などが見られます（上級編は，神経，血管，卵巣，精巣）。

④背に爪をたてて，二つに開きます。以下左から順に紹介します。

　心臓……内臓は，一見するとなんだかごちゃごちゃしています。24ペの図で一番左にあるのが心臓です。右隣の肝臓とそっくりの黒い色で，ピラミッドのような形をしています。エラの骨とつながっているので，頭の方にくっついてとれていることもあります。

　肝臓……心臓の隣にある一番大きな黒いかたまりが，肝臓です。

　胃……肝臓につつまれるように，キャラメルのようなうす茶色の胃がはいっています。煮干しによっては，きれいにとりだせることもあります。しかし，肝臓のかたまりにうもれていることがありますので，見えないときは肝臓を割ってみてください。時間があったら，取り出した胃を水につけてふやかし，切り開いてみましょう。中に小さなエビなど未消化のエサが残っていることがあります。見分けるのは難しいのですが，顕微鏡で観察すると，プランクトンの破片なども見えます。

　腸（糞）☆……胃の下の方に，白っぽいちぢれたひも状のものが見えることがあります。腸の内容物が，そのまま残っている，いわば，糞のもとのようなものです。

　背骨，血管☆，神経☆……背骨は小さな骨がたくさんつながってできています。背骨の腹側に黒くて長い腎臓がくっついて

います。尾までつながっている黒い細い糸状の部分は血管です。反対の背側の小骨の根元を良く見ると，まっすぐつながった白い糸のようなものが見えます。これが脳からつながる神経で〈せきずい〉です。

卵巣☆，精巣☆……卵巣は，数の子と同じような感じです（80ぺの写真，上）。精巣（しらこ）は卵巣に比べると大きく，薄茶色でぺったんこにつぶれています(80ぺの写真，下)。どちらも内臓を挟む感じでついています。

筋肉……魚の身と呼ばれているところはすべて魚の筋肉です。裂いてみると，細長い繊維状のものが集まっていることがわかります。もともと，煮干しはダシをとるためのもの。かみしめるとおいしいうまみが味わえます。煮干しのうまみ成分はイノシン酸といい，筋肉のエネルギー源になる物質が変化してできた物質です。

＊目，えら，骨は簡単ですが，脳，心臓，胃を見つけるのはちょっとコツがいります。漁獲時期によって精巣や卵巣のほうが内臓より大きくなっていたりするからです。まず何回か練習してみて，実物を見慣れておくと良いでしょう。脳，心臓，胃の形や色はほとんど個体差がないので，何匹か見てみると見分けられるようになります。生徒さんも，お互いに教え合ったりして，3匹めは結構自信を持っていろいろな器官を見つけていたようです。

●授業の進め方 —— 少人数の場合と多人数の場合

大人数でやるときと，選択理科など少人数でやるときとでは，少しやりかたを変えています。

胴体の部分で見られるもの

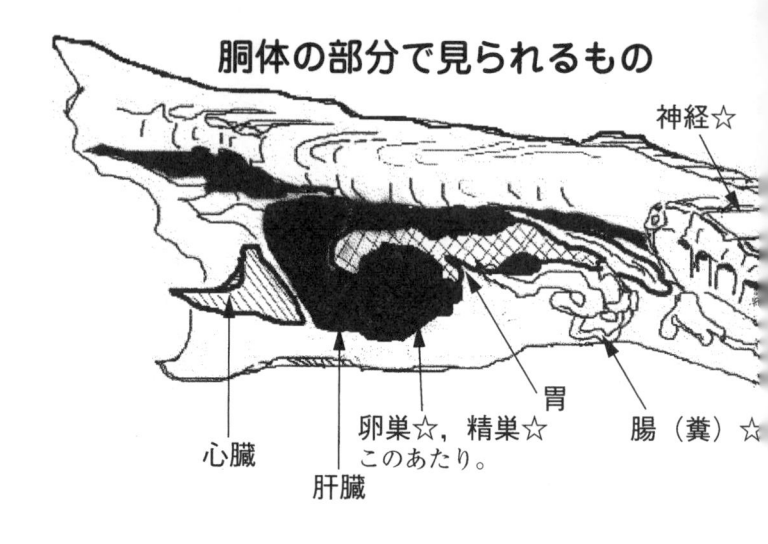

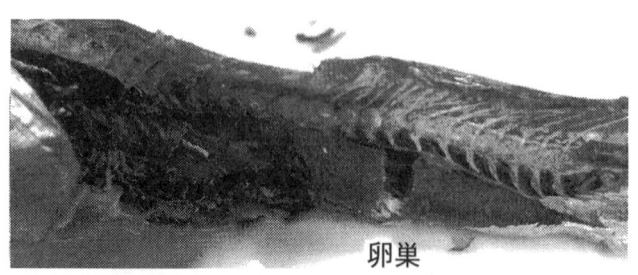

神経☆
胃
腸（糞）☆
卵巣☆，精巣☆
このあたり。
肝臓
心臓

卵巣

取り出した精巣

きれいに取り出したV字型の胃

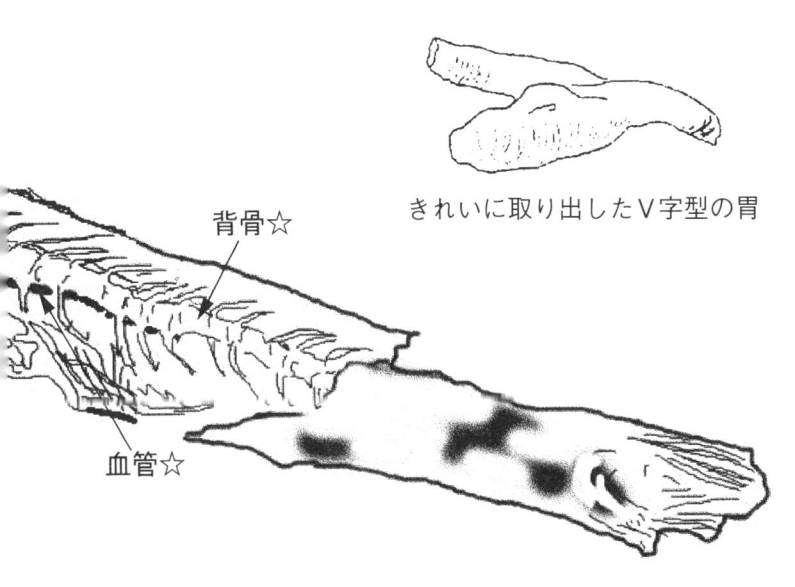

背骨☆

血管☆

　少人数の授業では，最初に集まってもらって，まず私がやって見せます。そのあと煮干しを配って，各自で作業してもらい，目的の「イワシの身体のつくりを見分けられているか」を，一人一人の作業をのぞいて確認します。8人くらいの授業では，顕微鏡やライトスコープを用意して卵や胃の内容物を見たりもしました。11人のクラスでも，この方法で成功しました。
　多人数のクラスでやるには，難しい問題が二つあると予想できます。
　①「集めてやって見せる」わけにいかないので，事前に「だいたいどの部分にどんな物が見えるか」を把握してもらうには，どういう説明をすればいいのか？
　②「これが胃だよね？」とか，「脳がはいってないんだけど……」

などと教師を呼びたい人が多すぎると,面倒が見きれなくなること。それを避けるには？

　今年は,36人の3クラス(中2)でやってみたかったので,この問題の対策を考えることにしました。

　教材提示装置で映しながら説明しようかとも考えましたが,映像出力先のテレビ画面が小さいので,後ろの席からは見にくそうです。長谷川智子さん(東京・御徒町台東中)は,線画のスケッチを入れたプリントで説明し,大人数でもうまくできたそうです。機材の準備もいらないし,良いアイディアです。それを真似して描いたのが,前出のスケッチです。

　先生を呼びたいのは,「これでいいのか」と確かめたいときがほとんどです。そこで,デジカメで撮影した拡大写真(カラー)に見てもらいたい部分の名前を入れたものを作り,4人一組の班に1枚ずつ配って参考にしてもらうことにしました。この資料は,大変役に立ち,今は少人数のクラスでも使っています。

　＊写真のデータをご希望の方は,ホームページからダウンロードしてください。「煮干しの解剖資料室」www.geocities.jp/niboshi2005/
　＊単行本『煮干しの解剖教室』にも写真が沢山載っています。

　以上のやり方は思った以上にうまくいき,全員が台紙に,目,エラ,心臓,胃,骨などを取り出して貼り付けることができました。あるクラスでは,時間が余ったので耳石の説明をしました。そのときに提出された台紙を見ると,10人以上が耳石を見つけて余白に貼ってくれていました。びっくりです。説明と材料を配るのに20分くらいかかっても,残りの時間でほとんどの生徒さんが作業できて,後かたづけまで時間内で終わりました。

● 「煮干しって生きていたんだね」── 中学生の感想

　授業中，2年生の男子が，「脳とか心臓とか，煮干しも生きていたんだねえ」と感心していました。背骨を見て「背骨って，小さい骨がいっぱいつながってるんだ」とつぶやいた男子に向かって，「あんた，魚食べたことないの？」とつっこんだ女子（でも，今まで見れども見えずだったのでしょうね）。

　そのうち，「煮干しってこのままでも食えるんでしょ？」「そうね。昔はおやつに食べてたなあ。試してみる？」というわけで，ほとんどの人が，ムシャムシャお味見を始めました。

　これでだしをとるというのを知らなかった人，「うちじゃ，みそ汁にまるごと入ってる」という人，猫のおみやげにとクズを集める人……思いがけない会話もはずみ，いつもは教科書を開いてもくれない生徒さんも作業の輪にはいって，なかなか楽しい時間になりました。　あなたも体験してみませんか。

　中学2年生の感想
・いわしの解剖ははじめてだったけど，楽しかった。自分が思っていたより，いろんな臓器がそなわっていた。　　（Sさん）
・いろんなものがはいっていて楽しかった。みんな黒かった。

（R君）
・いつもはこんなことはやらずに料理に使ったりしてるけど，こうやって解剖してみるといろいろ発見があって面白かったです。(M君)
・いわしの解剖は少し難しかった。はじめてだったからちょっとこわかった。人間と同じで内臓もちゃんとあった。(Mさん)

- イワシにも小さいけど脳があるんだと初めて知った。いろいろな体のことについてわかっておもしろかった。　　（Fさん）
- 魚の解剖は初めてだったけれどそれほど難しくなく面白かった。解剖する機会はそれほど無いけれど，体のしくみを知るには一番わかりやすいと思った。煮干しでも心臓や脳など人の体にあるものがそろっていた。（Y君）
- 人間もそうだと思うけど，すごいつくりだということがわかった。（Hさん）
- 胃の中に残っていたエサがあって，煮干しになっても残るんだなと思った。脳みそが予想より小さかったのでおどろいた。（I君）
- 人間と一緒で何でもあるんだなと思った。（H君）
- 探すのが大変だったけどおもしろかった。こんな小さな魚にもちゃんと内臓があるんだと思った。（L君）
- 解剖は初めてだったけど楽しかった。心臓とか胃がよくわかって良かったです。煮干しでもこんなにはっきりわかるなんてびっくりしました。（Eさん）

参考資料：広島大学生物学会編『日本動物解剖図説』（森北出版）
　　　　　『スクエア最新図説　生物』（第一学習社）
　　　　　http://abchan.job.affrc.go.jp/digests13/1331.pdf
　　　　　http://www.ne.jp/asahi/tkst/tenyo-maru/iwashi1.htm

謝辞：きっかけを与えてくださった芥川昌也さん，いろいろな種類の煮干しについて，教えていただいた高崎早苗さん（東京・荒川一中），また，資料の入手でお世話になった小平高校の鈴木良夫さん，南洋史さん，線画スケッチを教えていただいた長谷川智子さん，台紙に貼り付けるアイデアを教えていただいた山本美知さん，併せて，お礼申し上げます。

煮干しの解剖提出用台紙（2種類）

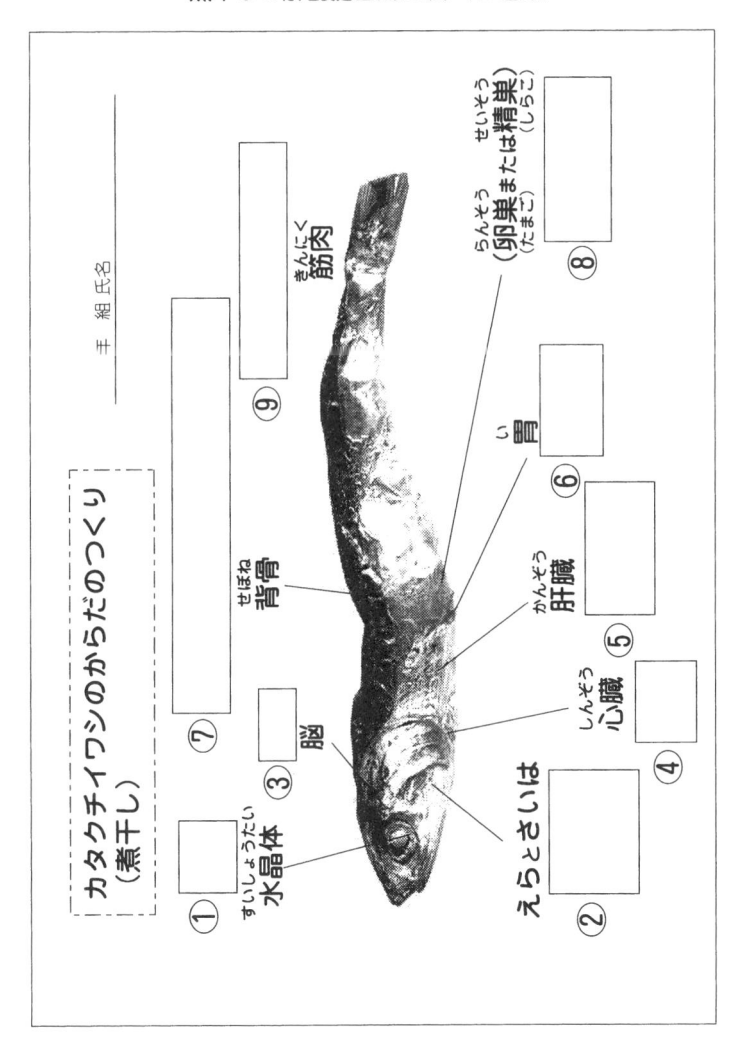

カタクチイワシのからだのつくり
（煮干し）

年　組　氏名 _____

① すいしょうたい 水晶体
② えらとえらは
③ 脳
④ しんぞう 心臓
⑤ かんぞう 肝臓
⑥ い 胃
⑦ せぼね 背骨
⑧ らんそう（卵巣または精巣）（たまご）（しらこ） せいそう
⑨ きんにく 筋肉

乾燥カタクチイワシ（煮干し）の解剖	年　組氏名
1　中枢神経	2　水晶体
3　えら	4　心臓
5　胃	6　背骨と大動脈

メモ……気づいたこと，先生に聞いたことなどをメモしよう。

感想

知って得することばかり

● 1 年間の「選択生物」の授業──高校 3 年生の感想

難波二郎
岡山・笠岡商業高校

　去る1月25日，笠岡商業高校理科室の「選択生物」の授業が終わりました。3年商業科（A組B組）15名，情報処理科（D組E組）6名が，楽しくも充実した学習に取り組んできました。

　こうしてカレンダー（88ぺ）にして振り返ってみると，ワークブックはもちろんのこと，けっこういろんなことをしていますね。

　最後の「学年末テスト」は，「レポート3本の提出」ということにしました。
① イカの解剖実習
② ナイチンゲールの話を読んで
③ 一年間の選択生物の授業を振り返って

　3つめの「授業を振り返って」では，高校生のみなさんがどのように授業を楽しんでくれたかが，たくさん書かれていました。一部を紹介させていただきます。

☆こんな先生がいたってこと，忘れません

　私はこの一年間，生物を勉強して，本当に楽しく授業ができたなぁと思っています。分かりやすく工夫された先生の授業は，2年生の時から，毎回授業が始まるのが楽しみでした。今まで，言葉は聞いたことがあるけど意味が分からなかったことや，植物の仕組みなど，初めて知ったことがたくさんあって，新鮮でよかったです。時々先生が，おもしろい紙のおも

ちゃを作らせてくれたのは，友だちに見せるととても驚いてくれて楽しめました。先生といえば，食べ物の実験??が多かった気がします（笑）。アイスキャンディーや煮干し，パイナップル，イカ。そして，賞味期限の切れたお茶をごちそうしてもらったり……。それはそれで，とてもいい思い出になりました。テストも，「今回は，今回はそのまま出さん!!」と言いながら，ちゃっかりそのままだったり（笑）。パソコンでいろいろ見せてくれたり……，ちゃんと授

選択生物　年間学習カレンダー

4月・授業書《生物と細胞》（宮地祐司『生物と細胞』仮説社）

5月・ワークブック「細胞」（ワークブックは市販のもの）

6月・ワークブック「呼吸」

7月・ワークブック「人体のつくり」（補習）

8月・ワークブック「遺伝」（補習）

9月・実験《ドライアイスであそぼう》（『ものづくりハンドブック3』仮説社）

・ワークブック「光合成」

・実習「酵母菌を飼おう！」（『楽知ん研究MEMO』楽知ん研究所，1995年9月24日発行，に掲載されたもの）

10月・作業「人体解剖図」（本書110ペ）

・ワークブック「細胞分裂・受精・発生」

11月・プラン〈クスリのなぞ〉（北海道・樋栄邦直さん作）

・実習〈煮干しの解剖〉（本書71ペ）

・プラン〈パイナップル〉

・実習「パイナップルの解剖」

　（パイナップルのプランは，埼玉・権田信朗さん作。次のホームページを参照しました。http://www5e.biglobe.ne.jp/~gongons/）

1月・実習〈イカの解剖〉（本書21ペ）

・総合読本「ナイチンゲールと看護婦」（松野修・板倉聖宣『社会の発明発見物語』仮説社）

業をしていたという思い出が出てきません。これから先も，先生らしい授業方針で授業をしていってほしいなぁと思いました。本当に，1年，いえ，2年間お世話になりました。こんな先生がいたっていうことは一生忘れません。とても楽しかったです。　　（井上さん）

☆生物ってすごい！

　私は医療系の専門学校に行こうと思っていたので，生物を選択しました。生物の授業を受けるのは中学校以来だったので，内容についていけるかが心配でした。でも，選択生物とは別に生物IAの授業があり，2つ同時に受けていたので，内容もよく分かったと思う。1学期はワーク中心で，細胞のことや浸透圧のこととかを詳しく勉強しました。《生物と細胞》では，自分の身体は細胞1コ1コで成り立っていて，その細胞がどのように活動し，今の自分に成長したのか，よく理解することができました。いろんなことを勉強してみて，あらためて生物ってすごいと感じました。人間の身体の仕組みはうまくできていると思いました。医療系の学校や仕事につくことがなくても，勉強したことは何かの形で自分の役に立つと思います。人体解剖図や酵母菌の飼育・煮干しの解剖など，実践的なこともいろいろさせてもらって，自分が実際に見て感じて考えることで，違う面からいろいろなことを知ることができてよかったです。

（佐藤さん）

☆みんなで考える授業でした

　一年間，選択生物を勉強してみて，最初は「難しいことばっかりするんだろうなぁ，一年間頑張れないかも」とかマイナス方面に考えていたけど，授業を受けてみると，初めに思っていたのと全然違ったものでした。え!?　こんなのあり??　みたいなこともありました。ワークももちろんするけど，ワークの解説だけではよく分からないところを，パソコンで動画などで見せてくれたり，とにかく楽しく分かりやすい授業なので，毎回毎回とても楽しみにしていました。特に実験はとても楽しかった

です。先生の授業は黒板に書かれた答えを書き写すんじゃなく,「こうなるから,こうなるんだ」とか,「こうなるときは,こうなるんだよ」って,私たちが分かるまで教えてくれる,とても良い授業だと思いました。〔中略〕

この一年間で,選択生物で学んだことは,知って得することばかりでした。私は初め大学への進学を考えていたけど,就職に変更して「生物なんていらない」と思っていたけど,細胞とか自分たちの体の中のつくりとしくみ,私たちの身体が作られているものなどをいろいろ知れて,「やっぱり生物をとってよかった!!」って思いました。ドライアイスシャーベットを作ったり,パイナップルを解剖したり,イカの身体のつくりを解剖してみたりと,いろいろな食べ物を食べながら自分の目で見て実験し,自分のプラスになるものを得られたので,一年間はとてもためになるものでした。一年間ありがとうございました。

(妹尾さん)

☆授業の楽しさやおもしろさが
　分かった

私が生物を選択したのは,将来,医療関係の仕事に就きたかったからです。そして,生物の授業を受けてみて,本当に楽しかったなぁと思います。他の選択授業とは違って,実験をしたり,アイスキャンディーを作ったり,解剖をしたり,他の授業とは違った楽しさがあっておもしろかったです。教科書をあまり使わないので,勉強という感じがしなくてよかったです。特に最後の解剖はとても印象に残っています。イカの解剖は,人生の中で初めてだったし,こんなにイカの中に臓器がつまっているなんて知りませんでした。解剖をすると聞いて,初めは戸惑いましたが,実際に解剖してみると,それほどでもなく普通に対応できました。

(安倍さん)

☆一つ一つ楽しく授業を
　してくれた

私は5教科の中で生物が大好きです。選択の生物では,遊びながら勉強ができて楽しかったです。

パイナップルを食べたり，イカを食べたり，煮干しを解剖したり。目で見て確認できたので，頭に記憶として残りやすかったです。人間の解剖図を作るのも楽しかったです。先生には２年生の時にもお世話になって，授業は毎回楽しかったので，３年生の生物も楽しみにしていました。予想通り楽しかったです。受験では生物を使わなかったけど，習って良かったと思いました。でも，もっといろいろな細胞を見たかったです。血液とか，すごく小さなものも，自分の目で確認したかったです。先生は，一つの単元が終わると授業の評価と感想を書くようにしていて，一つ一つ楽しく授業をしてくれようとしているんだと思いました。実際に楽しかったです。一年間，ありがとうございました。すごく楽しかったです。　　　　（池田さん）

☆生物が勉強できて
　ほんとうによかった

　私は選択で生物をとって良かったなと思います。最初はワークブックばかりで難しいと思っていたけれど，後半からはウサギの竹とんぼみたいなやつ〔「ピョンコプター」『たのしい授業』No.130〕を作ったり，カタクチイワシの解剖，パイナップルの解剖，スルメイカの解剖をするのが，すごく楽しかったです。

　その中でも，ふだんよく食べるスルメイカがおいしかったです。それに，クスリについて全く知らなかったけど，「クスリのなぞ」というお話を読んで，お相撲さんのような大きな人だったら，一般の人に体重に比例してクスリの量を多くするのかと思っていたけど，年齢なども考えて量を決めるということが分かりました。本当のことをいうと，解剖には抵抗があり，スルメイカの解剖をすると聞いたときはイヤだと思ったけれど，実際に解剖してみて，あまり気持ち悪くなかったのでよかったです。目の水晶体を見たときは，水晶体がすごくキレイで驚きました。終わった後に，ホットプレートでスルメイカを焼いて食べたことがとても印象的でした。

　　　　　　　　　（吉川さん）

☆選択生物の同窓会をしようね

　一年間生物をやってきて、ぜんぶ楽しい授業だった。まず初めの1学期はテキストをどんどん進めていきながら、たまにアイスクリームなどを作って楽しんだ。テキストを初め見たときは、めちゃくちゃ量が多いなぁと思ったけど、6人での勉強のスタイルがよかったのか、次々進んでいくことができて、有意義な時間でした。夏休みに入ると補習ということで、生物IBをがんばってやった。ここで勉強していたおかげで生物IAの卒業考査でメンデルの法則が出たときはとてもうれしかった。2学期にはいると、ペットボトルロケット〔文末参照〕をしたり、薬包紙を折ったり、原さんと原田さんのボケとツッコミが炸裂したりして、とても楽しかった。また、このとき煮干しの解剖をして、おいしくいただいた。そして3学期になって、みんな進路が決定していたのはとてもうれしかった。進路が全員決まったので、とてもまったりした授業になったけど、たまにはこういう授業も楽しいなぁと思った。一年間この6人のメンバーで頑張って来れた。先生のおやじギャグが炸裂する授業は、普通の授業では味わえない変わった授業だった。この時間がとっても楽しかった。最後に、みんな卒業してバラバラになってしまうけど、クラス毎の同窓会だけでなくて、選択生物6人の同窓会をしてみてはどうかなぁと思った。たいへん楽しい授業を、一年間ありがとうございました。　　（高岡くん）

☆生物の時間が大好きだった！

　楽しかったと思う。毎時間、この6人と先生で騒ぎながらする授業は、本当に楽しかった。初めてこんな少人数の授業を受けたときは、さすがに少し物寂しい感じがした。お隣のクラスと合同だから、ぎくしゃくもした。正直、名前も知らない人に対してはうち解けないだろうと思ったほどだ。しかし、そんな心配は無用だった。いっしょにドライアイス〔キャンディー〕を食べ、ロケット〔文末参照〕を飛ばし、学校を探検した。人がヨダレを垂らして寝ていたら、容赦

なく笑う。そんな雰囲気の中で進んでいく時間が大好きになった。

　ただ、私はその空気に甘んじて不真面目だったことだろう。よく寝てたし、起きていてもダラダラしていたし、先生にマンガを没収されたこともあった。普通にしていても気だるそうに見えるのは性分だから仕方ない。けれど、もう二度とない貴重な時間をムダに寝て過ごした自分がやるせない。そう、終わってからいろんなことに気づいた。この時間、皆も先生も好きだった。もともと生物は好きだし、これから先は生物学を勉強していくつもりなので、新しいことを学ぶのも嬉しかった。〈好き〉と〈得意〉は別物だから、あまり理解できなかったが。先生の考えることはいつも分からなかった。イカの解剖も、「何？」と思ったし、薬包紙を折るテストや、パイナップルについて勉強するのも不可解だった。でも独特な授業スタイルで進むから、どのテーマもおもしろかった。あんな授業はこの先、もうないだろう。ロクに先生の話を聞いていやしなかったが、一年を通して得たものはある。そして今の私は動物看護士を目指す。その決心ができたのは、生物が本当に面白いと思ったから。たくさんの楽しい授業をありがとう、先生。生物を選択してよかった。この思い出を持って、私は動物看護士になる。（原田さん）

☆あー、生物でよかった

　私はこの一年間、生物の授業をうけてみて、「あー、生物でよかった」と思うことがしばしばありました。

　一学期はカルピスを酒にした実験。私は覚えております。学生に酒を造らせるなんて、ＰＴＡもびっくりの実験は、とても楽しかったです。コウボ菌が入るだけでカルピスがあんな味になっていようとは、おどろきでした。発酵したカルピスをなめただけですが、正直、おいしくなかったです。私はカルピスが好きなので、あんなにおいしかったものが、こんなことに……と、ガッカリとしました。

　二学期の授業は、そうは言っても私たちは受験生の身であるか

93

ら，いつもいつも遊んでいられないので，『わ～くワーク』〔ワークブック〕を，先生らしいワークで授業を進めました。しかし，いくら生物が好きと言っても，やっぱりこれまでの楽しいことを知っているので，あんまり二学期の授業はおもしろくなかったです。でも授業の終わりの，体育祭・文化祭のメモリアル（BGM・小田和正）〔4～5分のスライド〕はよかったです。

　三学期はいろんなことをしました。テストに薬包紙の折り方が出るなんて，夢にも思いませんでした。煮干しの解剖・パイナップルの解剖・イカの解剖。パイナップルはおいしかった。それ以上に，教科書通りの授業の進め方じゃないのがとてもよかったです。実験もして，プリントで考えながら勉強できたことで，自分から楽しんで授業できたと思います。私の進路もまた生物にいろいろ関わっていますが，少なからずこの進路選択も授業の影響があったと思います，たぶん。先生，よろこんでいいよ！　この一年間楽しかったです。生物を選択してよかったです。他のメンバーとも楽しくできました。クリスマスに雪だるまのオーナメント〔『ものづくりハンドブック4』仮説社〕を作ったのも，行事を大切にできてよかったです。あー，なんだか「楽しかった～」と連呼しすぎているわ……。そんなわけで，一年間ほんとうにお世話になりました。ありがとうございました。（原さん）

☆広い分野を一年間勉強した

　僕がこの生物を選択した理由は，入試のためであった。普通科の生徒たちと進学先の関係で勝負しなければいけなかったので，相当のプレッシャーがあった。でも，努力し，先生の協力もあって，無事合格することができた。生物のことをあまり知らないのに僕たちのために一生懸命教えてくれたり，夏休みに時間をとって補習してくれてた先生に本当に感謝しています。ありがとうございました。これが僕の生物での一番の良い思い出です。

　しかし，他にも生物を選択して

良かったと思うことがたくさんあります。それは，教科書にないことを学習したり，たまに遊んだりしたことです。パイナップル・クスリ・コウボ菌を勉強したときは，最初はただ聞いているだけで，何も感じません。しかし，だんだん夢中になって，「なるほど」と思えるようになりました。確かに教科書とはあまり関係ありませんでしたが，自分の中に新しい知識が加わったと感じて，とてもいい経験をしたと思っています。イカ・煮干しの解剖はとてもいい経験をしたと思っています。小さな子どものように喜び，とても印象に残っています。焼いたイカもおいしかったです。また，生物には関係ありませんが，二大行事のビデオはとてもよかったです。このように，たまに遊びながら勉強したり，息抜きの時間がありました。僕はこんな生物の授業がすごく楽しかったです。受験の生物ではなく，広い分野の生物を一年間で学べたような気がするからです。これからも生物と関わることが多くあるので，興味を持って学んでいこうと思います。そして，自分の夢をかなえるためにこれまで以上に努力し，頑張っていきます。生物の授業，本当におもしろかったです。　　　　　　　（西江くん）

☆毎回の授業がトリビア！

　三年生の初めは，医学の方か音楽の方か，進路を迷っていたけれど，最終的に空調関係の会社で働くことになり，何とか化学で勉強したことが役立ちそうです。生物はほんとうに毎回工夫された授業で，勉強しているという感じがありませんでした（良い意味でデス！）。ペットボトルロケット*は実際に外でやってみて，おもしろかったです。毎回スライドを使って分かりやすく説明してくれたので，本当によく分かりました。コウボ菌のところも，実際に作ってみてお酒になるまでの過程が分かりました。人体のつくりは，今まで何度か勉強する機会があったけど，いまいち理解できなかった。けれども今回，塗り絵をしながら立体的に人体模型を作っていくやりかたはすごく分かりやすかっ

た。毎回勉強しに来るというより，トリビア〔テレビ番組〕を見る感覚だった。パイナップルや細胞の話も，豆知識みたいで自然に興味がわいてきた。生物は好きな所と嫌いな所があって，少し抵抗があったけど，高校になってからは今までと違う角度から見ていけた。文化祭のフィナーレのスライドショーは本当に感動しました。ありがとうございました。（入田くん）

＊1.5リットルのペットボトル（炭酸飲料用のもの）に水を三分の一ほど入れ，小指大のドライアイスを数個入れます。ゴム栓をして，栓を下にして地面に置いた発射台（三脚）に立てると，校舎の3階くらいまで飛びます。

高校生のみなさん，たくさんの素晴らしい感想をくださいました。読んで少し「うるうる」しちゃいました。授業を楽しんでもらったボクこそ「ありがとう！」と言いたいところです。〔2005.2.4〕

（初出No.286, 04・10）
バンバンザイ！
煮干しの解剖

北海道・梶沼泰子

『たのしい授業』3月号（No.278）の小林眞理子「煮干しの解剖」をやりました（本書71ぺに再録）。食べるのは大好きですが魚をさばくのは……という私にとってこの記事を見た時の喜び，ご想像できますか？　バンバンザイです。

実際やってみると子どもたちの評価もよかったし，生魚の時と違って，泣きべそをかく子もいなかったし，大満足です。思った以上，上手に解剖することができました。6年生でも上級編をクリアした子がいました。間違いないと思うのですが，「うきぶくろ」を取り出した子もいました。もちろん，最後はしっかり試食で終わらせました。

だしをとったあとの煮干しの味は？

——小学校家庭科で「煮干しの解剖」——

東京都・小学校　**福島純子**

小さくっても同じ生きもの

6年生家庭科の、みそ汁の調理実習前に「煮干しの解剖」を行いました。「煮干し」を知ることによって、「だし」や「うまみ」といった食べ物をおいしくいただくための基本が、実感をともなって理解できたと思います。

書籍の『煮干しの解剖教室』ができる前だったので、パワーポイントを使って内臓の映像などを見てもらいながら授業をすすめました。8センチほどの小さな煮干し（カタクチイワシ）の中に、脳があり、神経があって、「私たちと同じ生きものだ」とわかるのが感動です。

解剖しながらパクパク

心臓はなんとなくハートのかたちをしているのがかわいい。あたりまえなのだけど、オスとメスのイワシがいるのです。小さな小さな耳石を、子どもたちは必死で探します。耳石は魚の種類によって形がちがっているそうで、耳石を見れば魚の名前がわかるらしい。

煮干しは一人でいくつも解体します。おいしいところは筋肉のところで、イノシン酸がぎゅっとつまっていて〈うまみ〉がいっぱい。「失敗した」と言って、子どもたちは煮干しをパクパク。「うまい。うまい」と大人気。残った頭や内臓のかけらの方は、学校の裏の竹林に棲む猫たちにおすそわけしました。

乾燥した煮干しですが、それなりに臭いです。でも、生のイワシよりずっと抵抗なく解剖できるようです。解剖したものを貼りつけたシートを大切そうに持って帰っ

て家にかざっている（?!）子もいました。

だしがでた後の煮干しの味は？

解剖したあとは、みそ汁つくりです。どれが内臓でどこがおいしいところかわかっているので、きれいに頭と内臓をのぞき、骨までとって、身だけを水に入れ、「料亭の味」をめざす班もあらわれます。「おばあちゃんちの朝ごはんのにおいがする！」なんてすてきな発言もとび出しました。クサイとかキモイとか言う子はひとりもいません。生きものの命をいただいている気持ちに自然となるのでしょう。

だしがとれたら、煮干しをとりだして、食べてみてもらいます。すると、「味がなくなってる！」「おいしい汁が出ちゃったんだ」という声が。だしをとる前ととった後の、煮干しの身の味のちがいを確認してもらいました。

各自が家から、みそを大さじ1づつ持ちよって、班ごとに、みんなのあわせミソでいただきます。米みそ、豆みそ、麦みそ、赤や白いろいろなミソがまざりあい、味に深みが加わります。隣の班の味見もしたりして、ミソ汁の調理実習を楽しくすることができました。

科学を知れば、生活はより豊かになる。子どもたちの目の輝きが、本当に学ぶにあたいするものは何かを教えてくれます。

（2010年）

どうして家庭科で「煮干しの解剖」か

静岡県・高等学校 **加藤千恵子**

家庭科は「科学」

「煮干しの解剖」というと、ほとんどの方が理科の教材として使われていますね。私は理科の教員ではなく、家庭科の教員です。それも高校です。家庭科というと多くの方のイメージは未だに「料理・裁縫」でしょうか？ 私自身は、「家庭科」は英語表記のDomestic Scienceをそのままやるぞ！って感覚です。家庭科って「科学」なんです。なかなか受け入れられていませんが……。

さて、私は「煮干しの解剖」を主に家庭科の専門科目の「栄養」という教科で行っています。「栄養」の内容は非常にアカデミックで、大学の栄養士課程で学ぶ内容と同じ程度のものが非常にコンパクト（教科書では135ページ分）に凝縮されています。選択科目なので、興味を持っている生徒が来てくれているはずですが、理解度がかなり厳しめの生徒もいます。そこで、授業もいろいろと工夫が求められるのです。

「栄養」の授業は、栄養素を吸収するための体のつくりを知ってもらうために、解剖学分野を最初に行います。食べたものが消化分解され、吸収された後、再合成されて体が構築されていくことを理解してもらうわけです。が、この〈体の中身を実感してもらう〉のがなかなか難しいのです。

煮干しが解剖できることに感動

エプロン式の内臓キットを使ってもみました。各内臓がそれぞれバラバラになっているので、食道・胃・小腸などを全てつなげて縫い付けて一本にして見せて、納

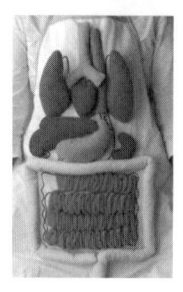

得してもらったりはしましたが、どうも感動がない。NHKの〈人体の小宇宙〉などのDVDでは時間がかかりすぎるし……と悩んでいる頃、小林眞理子さんの『煮干しの解剖』が出版されました。そこで直接、小林眞理子さんから解剖の教えを受けたところ、「こんな小さなミイラみたいに干からびている煮干しでしっかり解剖できる」ことに、私自身が感動しました。これならば！と、でもおそるおそる女子17人のみクラスと、女子24人男子4人の2クラスで実践してみました。

本の知識がつながった！

生徒たちは「解剖」と聞いた途端に拒絶反応を示してくれましたが、実際やってみると、おおむね好評でした。ふだん食生活で口にしている煮干しが解剖のアイテムになることに親近感があるようです。解剖をすることで、「お腹の苦いところ」程度の認識が〈肝臓〉〈胃〉〈腸〉と変わり、「だしが出るところ」という認識が〈筋肉〉〈卵巣〉〈精巣〉だったとわかることが喜びになっていたようです。また、途中きれいに内臓が取れなかった煮干しを食べても良いというアバウトさもこの解剖の良さ。そうして、食べてみた煮干しから味を感じて、それが散々授業でやっているうま味成分の〈イノシン酸〉の味とわかると、それまで点と点だった知識が一本の線としてつながっていくのも楽しさの理由かなと感じました。「煮干しの解剖」は理科の教材であるように思われがちですが、実際は家庭科の教材としてもとても優秀な教材だと私は考えます。

解剖に使用した煮干しは、近所の古くからある乾物屋さんで購入したのですが、生徒たちにとっては想像以上に大きかったようで、それも授業を成功させる要因になったかなと思います。

生徒の評価と感想

解剖は2回実施したので、1年

前に実施したクラスの生徒で翌年栄養の授業を選択してくれた人にとっては2度めの解剖になります。でもその生徒たちの評価は「とても楽しい」でした。楽しい授業は何回やってもたのしいという実験結果も出たわけです。全体の評価も、「とても楽しかった」が12人、「楽しかった」が33人で、それ以外の評価は無し、という高い評価で、驚きました。

　以下は生徒達の感想です。

◆初めて煮干しで解剖して、こんなにはっきり形が残るってビックリしました。最初は気持ち悪いと思ったけどだんだんはまって楽しくなりました。中のモノは人間と同じで、いろいろなモノがあるのでそんなに人間と変わらないんだなと思った。

◆保育の授業でやったときよりも早く全てのパーツを集めることができました。卵巣と精巣も2つとも見つけることができて良かったです。人間と違うところはエラとサイハだけと言うことに驚きました。心臓はやっぱり小さくてこの小さい心臓で生きているのがすごいと思いました。筋肉が美味しくて食べていたら、先生が「うま味成分はイノシン酸」と言っていたので、だから美味しいんだなと思いました。

◆今まではイカの解剖しかしたことがなかったので煮干しは骨も細かくしっかりしててすごいと思いました。とても小さいけど心臓もしっかりあって脳みそもしっかり形があってすごい感動しました。こんなに小さい体でもしっかり生きていたと感じた瞬間に複雑な気分になりました。心臓が黒くてビックリ。

◆煮干しの解剖をすることで人間の体の仕組みを少しでも分かって理解できました。細かい部分まで知ることができて面白かったです。食べ過ぎの魚は胃が大きくふくらんでいたり、卵巣と精巣の見分けることができました。

◆初めて解剖をしてこんなに小さな体にもしっかり脳があることを知ってびっくりした。頭蓋骨もしっかりあった！とても味が濃かった。

●仮説社　解剖の授業に役立ついろいろ●

煮干しの解剖教室

小林眞理子＝著／泉田謙＝写真／
こばやしちひろ＝絵

体長10センチ位の煮干し（いりこ）を解剖することによって，生きもののからだと暮らしについてのいろいろなことが見えてきます。
小学校中学年くらいからできます。中学・高校でも好評です！
「児童福祉文化賞推薦作品」受賞
ハードカバー　定価1500円（税別）

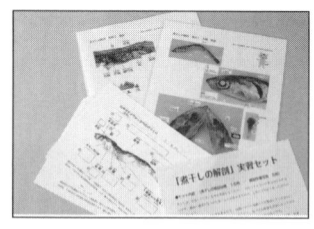

煮干しの解剖実習セット

煮干しの脳や心臓，胃，肝臓などの各つくりの写真のシート2枚と，取り出した内臓を貼りつける台紙10枚のセットです。1セットで10人できます。

600円（税別）

内臓パズル　　　　4830円（税別）→

パズルのように楽しめる内臓モデル。

京都パスカル人体解剖図

人間の体の中のしくみが一目瞭然！（口絵写真参照）　　　10人分セット　700円（税別）

内臓の大きさ説明エプロン

ほぼ原寸の内臓がマジックテープでとりはずせます。（口絵写真参照）　4400円（税別）

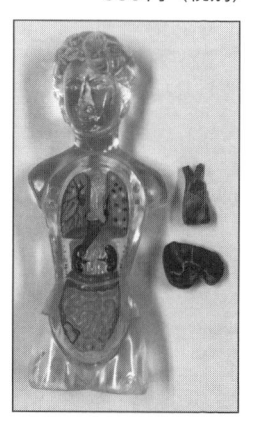

第3部

そうだったのか！

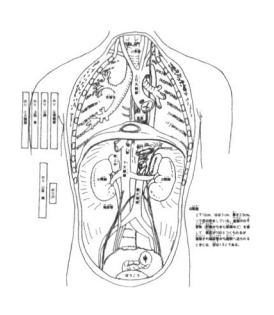

「人体解剖図」の授業

人体解剖図で疑似解剖体験を
● 「京都パスカル人体解剖図」を作ったわけ

(初出No.227, 00・7)

柴田公平
京都・京都市八条中学校

感動的だった，人体標本による疑似解剖体験！

　1988年5月3日，私たち京都パスカル（中学校の理科教師中心の研究サークル）のメンバーは，東京大学付属中学高等学校での「第2回科学お楽しみ広場」（科学教育研究協議会主催）に参加しました。5月の連休中でしたので，その翌日，メンバーの4人は途中下車し，神奈川県にある鶴見大学を訪問しました。その解剖学教室の小寺春人先生のご好意で，人体の解剖実習をさせていただく予定になっていたのです。約束の10時に大学に着くと，挨拶もそこそこにすぐに解剖実習室に案内していただきました。

　実習室ではふだんは学生が人体解剖を行なっているということです。献体された方の遺体に最初からメスを入れ，筋肉や骨格系，消化器系，神経系など人体の隅々に至るまで研究・実習しているとのことでした。実習の際，実際の解剖に先立って先生が学生を集めて解説するための人体標本があります。私たちはその人体標本を見ながら説明していただくことになりました。

　がらんとした実習室の端に，人ひとりが横たわれるようなステ

ンレス製の容器が2台置いてあります。先生がふたをとると，白い布に覆われた遺体がエタノールの中に沈んでいました（「遺体はホルマリンに浸けてある」と聞いたことがあったのですが，それは間違いのようです。たしかによく考えてみれば，「ホルマリンなら，臭くて解剖どころではない」ことでしょう）。

　横のレバーを何回か回転させると，遺体がエタノールの中から上がってきました。一体は男性の遺体で，もう一体は女性の遺体でした。もう十数年この教室におられる（？）そうです。

　この人体標本も，献体された方の遺体で，説明用のため，皮下脂肪をていねいに取り除いて，一本一本の神経や血管が見えるようにし，各臓器のしくみがわかるようにていねいに処理が施されていました。こうした処理は，専門の技師が何年もかかる作業だということです。この話には私たちも驚きました。こうした人びとの献身のおかげで医学生が育っているのです。

　さて，遺体は胸の中央から左右に皮膚が開くようになっており，その下には大胸筋があって，表面には細かな血管や神経のようすが観察できます。その下の肋骨も切れ目が入れてあって，ふたのように取り外せ，さらに，肺，心臓が観察できます。私たちが以前解剖したことのある何頭かのタヌキのうちの1頭は，その肺が濡れた布を絞ったようにすっかりしぼんだ状態でしたが，この遺体の肺はもともとあった状態を保つようしっかりと固定されていました。

　食道は気管の後ろにかくれて，横隔膜（おうかくまく）を貫いて胃につながっています。また，井尻正二さんの著書『ヒトの解剖』にあるように，本当に大網（だいもう）（胃から腸管の前方に垂れ下がった腹膜）を見ることができました。これがクッションのように大腸や小腸を守っています。盲腸や虫垂も観察しました。

　腸を見せてもらった後に，先生がちょうど渦を描くように小腸

を体腔にしまわれたのには驚くと同時にたいへん興味をそそられました。先生によれば，実際にそのように腸は納まっているとのことです。「けものの内臓は膜で脊椎にぶら下がるような構造になっている。人類は直立歩行を始めたため内臓が下腹部に垂れ下がり，痔に悩まされることになった……」とは井尻正二さんの名解説でしたが，実際，腸がこんなに簡単な原理で納まっているのなら，垂れ下がってくるのもしかたないなあと納得してしまいました。

　この後，頭蓋骨をはずして脳の観察をしました。目と視神経，大脳の関係が複雑で，面白いお話が聞けました。さらに，何体もの人体骨格標本を観察しました。とくに脊椎と肋骨の関節が2点支持であることを実物で確認できて，肋骨が動きやすいしくみが納得できました。

　心臓の血管の一本一本がどこを通り，神経の一本一本が大脳から脊髄を通り脊椎の何番の関節から出てどこに向かうか，など，先生がすべてすらすらとおっしゃるのには舌を巻いてしまいました。まるで，私たちが通勤路を自宅から順に思い出すように，正確に覚えておられました。しかし，考えてみれば人の命をあずかるお医者さんなら当然なのでしょうか。

　10時から2時30分まで，飲まず食わずの4時間30分でした。私たちはともかく，昼食もとらず熱心に解説していただいた先生には本当に感謝しています。たくさんの不思議さ，驚き，感動が私たちを包んでいました。いまだに鮮明に思い出される体験です。

からだの全体像の把握のために，位置関係の正確な模型を

　現在，中学理科の第2分野の「生物のからだのつくりとはたらき」のところに「人体の解剖図」が載っています（大日本の教科書）。ここには「人体の解剖図」と「カエルの解剖図」がならんで

載せられており，この図や模型などを比較して両者の共通点や相違点を調べさせることになっています。したがって，これらの解剖図を用いて生徒にどんな課題が出せるかといえば，たとえば，「ヒトとカエルの図や名称を見て，同じ器官が有るか無いかをさがしなさい」というようなことになると思われます。しかし，これらの解剖図も，ヒトやカエルのからだのつくりやはたらきをくわしく学習できるようには描かれていないと思います。

　また，カエルの解剖は現在の教科書では「研究」扱いになり，「実習」ではありません。将来は「研究」扱いからも消える可能性があります。たしかに，カエルそのものが手に入りにくい状況があり，実習時間の確保が難しい現実もあります。生徒にとって，カエルのからだのつくりを具体的に実習し，全体的に学ぶ機会はなくなりつつあります。

　このように，現在の理科の教科書では生徒が動物やヒトのからだのつくりやはたらきを詳しく知りたいと思ったり，全体的に学習したいと思っても，そのような構成にはなっていないのです。あなたも，「これでは，『解体新書』（日本で最初の西洋解剖学の翻訳本）の歴史的意義はどうなったの？」と問いたくなりませんか。

　私はやはり，生徒にヒト（自分）のからだの内部のしくみやはたらきを理解させるには，〈からだの全体像の把握〉がとても大切だと思います。この，「からだの全体像の把握が大切ではないか」という考えは，じつは私自身がタヌキを解剖したり，医科大学で人体標本を前にして解説していただいた経験から生まれたのです。やはり，〈実物〉には人をひきつけ，なるほどと納得させるものがあります。実際にタヌキを解剖したり，実物の人体標本に接すると，圧倒的な迫力や存在感で，それだけでもエリを正してしまいます。その上，すぐれた指導者や書物の解説があれば，本当の生きた学習になります。

私自身もそれらの経験から、「動物やヒトのからだの内部のしくみが、いかにたくみなものであり、合理的なものであり、歴史的な背景をもつものであるのか」ということを深く学ぶことができたと思っています。

　そこで、これまで私もタヌキを解剖したときの様子をビデオで撮影して教材として用いたり、人体標本を見せてもらったときの写真を見せてその時の様子を話したり、イノシシ、タヌキ、キツネ、イヌ、ネコ、ウシ、シカなどの頭骨標本を京都パスカルの仲間とともに自作して教室に持ち込んだりと、様々な工夫をしてきました。また、医学や解剖学の専門書や解説書に目を通すうちに、動物やヒトのからだのつくりの素晴らしさや、そのつくりの素晴らしさの原因となっているはたらきの素晴らしさを生徒に伝えたいと思うようになりました。

　そのためには、どうしても「人のからだの全体像がよく把握できるように工夫された人体解剖図がなければならない」と思うようになりました。そこで、京都パスカルのメンバーで協力して独自に開発したのが、ここで紹介する〈京都パスカル人体解剖図〉です（口絵参照）。完成したのは1992年10月16日のことです。

　この「人体解剖図」を開発するときに考えたねらいは、「ヒトのからだのつくりやはたらきをくわしく学習させたい」「動物やヒトのからだの内部のしくみがいかにたくみなものか、合理的なものか、歴史的な背景をもつものかということを深く学ばせたい」「からだの全体像の把握が大切」「実物（模型）には人をひきつけ、なるほどと納得させる力がある」「動物やヒトのからだの〈つくりの素晴らしさ〉と、その素晴らしさと本質でつながっている〈はたらきの素晴らしさ〉を理解させたい」などです。

　このねらいにそって、私たちは、

①解剖の手順にそって観察できて，
②立体的な理解ができて，
③興味が持てるしくみやはたらきの説明があって，
④人体にひそむ歴史的な背景も理解できて，
⑤他人でなく自分の人体で，
というような「人体解剖図」を考えることにしたのです。
　設計に当たっては，次の点に考慮しました。
①大きさはノートに貼れるようにＢ５判とし，８つの部分で構成し，それらを前後の位置を本物と同じように順に貼っていくように構成した。
②実際の解剖のように観音開きだと製作しにくいので，右から左に開くようにした。
③めくりながら疑似解剖体験ができるように〈立体的な位置関係〉がわかるように配置した。
④解説文を適当な場所に掲載し，人体のしくみやはたらき，歴史的な背景も説明した。
　このようなことに注意して作製したので，模型図を貼ったり，色を塗る作業を通じて人体のしくみが理解できるようになったと思います。また，自分の顔を書かせることによって，人体解剖図に親しみや人格を与えるようにもしました。

＊**参考文献**——井尻正二『ヒトの解剖』『人体の矛盾』『文明のなかの未開』（以上，築地書館）。藤田恒夫『入門人体解剖学』（南江堂）。高橋長雄監『からだの地図帳』（講談社）。ビジュアル博物館『骨格』（同朋舎）。ミラー／ベラム／大利昌久訳／大谷杉士監修『ポップアップ ヒトのからだ　立体・人体構造図』（ほるぷ出版）。

＊「京都パスカル人体解剖図」は，仮説社で販売します。１セット10人分で，税別700円です。（その他に，送料がかかります。詳しくは仮説社ホームページをご覧ください。www.kasetu.co.jp）

「人体解剖図」の組み立て方と，学習プリント

(初出No.227, 00・7)

権田信朗 埼玉・志木高校

＊ここで紹介する「組み立て方」と「学習プリント」は，どちらも，私が授業をするに際して，104ペの柴田公平さんの原稿をもとに増補改訂したものです。子どもたちの感想は，1998年に授業をしたときの，高校2年生のものです。この「人体解剖図」は，愛知の河合良一さんに教えていただきました。ありがとうございます。

★組み立て方

B5判の「人体解剖図」と人間の絵が書いてある厚紙が台紙になります。B4判のいろいろな臓器が印刷してある紙とB5判の腹の筋肉が印刷してある紙は，臓器や筋肉を切り取って台紙に貼ります(口絵参照)。すべて，のりしろがついています。「人体解剖図」のほかに，子どもの人数分の，「はさみ」と「のり」と「色鉛筆」が必要です。

また作る前に，まず，「人体解剖図」の完成見本を見せておきます。(口絵にある見本は自作したものです。また，柴田さんは，前年度にすぐれた作品を提出した生徒に，見本としてもう1部余分に作ってもらい，その作品を見本として使っているそうです)

1 臓器などを切り取る

最初は，台紙以外のB4とB5の2枚の各臓器と筋肉の絵をわ

くの線にそって切り抜きます。「のりしろ」を切り離さないように気をつけてください。形が複雑なので，線の外側をおおざっぱに切ってかまいません（もちろん，きれいに切りたい方はきれいに線に沿って切り取ってください）。

　これで，各臓器の部品6枚と，筋肉の部品1枚ができます。

２ 台紙に貼る

　Ｂ５の「人体解剖図」と書いてある台紙に，１で切り取った臓器や筋肉を，番号を合わせながら貼っていきます。

　各内臓の図の中の番号と台紙の番号を合わせて貼ります。いくつか番号の書いてある臓器がありますが，台紙の番号に合う番号の書いてある臓器は，一つずつしかありません。

　⑭→⑦→⑤→④→③→①の順に貼っていくと重なりがきれいになります。⑨の大網だけは，⑦の肝臓の上に貼ることになります。

３ 色をぬって顔をかく

　各部分の色は，図鑑や教科書の図を参考にしてください。色塗りが終わったら，自分の顔をかいて完成です。

　リアルに塗ることを気にしないのなら，各部分の色分けさえされていれば，自分のイメージする色で塗ってかまわないと思います（たとえば，動脈が赤，静脈が青とか）。

＊柴田さんは色を次のように指定して，この色ぬりの作業は宿題にしているそうです。「筋肉」は，牛肉の赤。「骨」はフライドチキンの色，または白。「肺」はピンク（タバコで汚れた肺は真っ黒と教えるが…）。「肝臓」はレバーの色。「大網，胃，腸，食道，腎臓」は黄色や黄土色（ホルモンのミノやコテッチャンの色）。「膵臓」（淡紅色），「脾臓」（暗赤色）は，解剖図の解説文に記載している通り。その他，理科の教科書や資料集，保健体育の教科書や資料集を参考にしてください。

★「人体解剖図」をじっくり見てみよう——学習プリント

　さて，2〜3時間かけてそれぞれ自分の「人体解剖図」ができあがりました。しかし，切り取って貼り，色を塗るだけでは，ただの工作になってしまいます。

　最後にこの「人体解剖図」を使って，どんなところに目をつけて見て，どんなことを覚えたらよいのかを学習します。(答えは117ペにあります。また，これはひとつの例ですので，プリントは各自工夫して作ってください)

1．次の問いを「人体解剖図」を見ながらやってみましょう。
（1）赤ちゃんを抱くときや，テニスボールを打つときに使われる筋肉は，何ですか。
　　（　　　　　）筋
　　また，他の動物では，どのようなことに役立っていますか。
　　　ア．猿が木に登る。　　イ．犬が歩く。
　　　ウ．鳥が空を飛ぶ。　　エ．魚が水中を泳ぐ。

（2）腹部の筋肉を何といいますか。横じまの白い模様は，何と同じ起源のものですか。
　　（　　　　　）筋。（　　　　　　　　　）

（3）肋骨と背骨は，関節で接しています。そのため，肋骨全体が上下に動くことができます。このことで，何ができますか。
　　（　　　　　）
　　また，肋骨の前部が軟骨でできていて，動きやすいことは何に役立ちますか。
　　（　　　　　　　　　　　　　）

（4）肺は，左右で大きさが違います。左右どちらが大きいでしょ

うか。
　　　ア．右が少し大きい。　　イ．左が少し大きい。
　また，それはどうしてですか。
　　（　　　　　　　　　　　）

（5）人間の体を上下に仕切る膜のことを何といいますか。この膜は，筋肉でできています。これがけいれんするとシャックリになります。
　　（　　　　）膜

（6）次の器官によって守られている臓器は，何ですか。（図をめくると，その下にあるもの）
　　①肋骨（　　　，　　　　）　②大網（　　　　，　　　　）

（7）「小腸」と「大腸」の大きさ(直径と長さ)を書いてください。
　　小腸→直径（　　　）～（　　　）cm。
　　　　　長さ（　　　）～（　　　）m。
　　大腸→小腸よりも（　　　　）。長さ（　　　　）m。

（8）各器官の形や位置，大きさの分の内容を「解剖図」で確かめて，[ ]の部分が正しいものには○，間違っているものには×をつけてください。
　　①心臓は，わずかに左寄りで，[ほぼ中央]にある。　　（　　）
　　②横隔膜は，体を[上下]に仕切る筋肉でできた膜である。
　　　　　　　　　　　　　　　　　　　　　　　　　　　　（　　）
　　③肝臓の重さは，[1kg]もある。　　　　　　　　　　（　　）
　　④大網は，[クッション]の働きをする。　　　　　　（　　）
　　⑤腎臓は，[ソラ豆]の形をしている。　　　　　　　（　　）

⑥十二指腸は，[指の横幅12本分]の長さである。（　　）
⑦気管は，20個の[軟骨]でできている。（　　）

（9）各器官の働きの文の内容を「解剖図」で確かめて，（　）に合う言葉を入れてください。
①肋骨は，人体でもっとも（　　　　）が多い。
②肺の中にある（　　　　）で酸素と二酸化炭素が入れ替わる。
③横隔膜が，下にさがると，息を（　　　　），上にあがると息を（　　　　）ことができる。
④肝臓は，（　　　　　　）を尿素に，（　　　　　　）を分解など，毒を消してくれる。ブドウ糖から（　　　　）を作り，貯える。
⑤胃は，（　　　　）・ペプシン・粘液を出し，（　　　　）を分解する。
⑥小腸は，食物を（　　　　）し，栄養の吸収を（　　　　）で行なう。
⑦大腸は，（　　　　）吸収を行なう。盲腸から垂れ下がるのが（　　　　）。
⑧脾臓は，（　　　　　　）の形。古い（　　　　）を壊し，（　　　　）細胞を作る。
⑨黄疸（病気）で全身や大便が黄色くなるのは，（　　　　）の色である。
⑩膵臓は，（　　　　　　　）というホルモンを出し，糖分を調節する。
⑪腎臓は，（　　　　）中の不要物をこして，（　　　　）を作る役目をしている。

2．「人体解剖図」を作ったり，このプリントをやったことについて，感想・疑問と評価を書いてください。

　　評価　　楽しさ度（　　）。分かった度（　　）。

（楽しさ度＝⑤とても楽しかった。④楽しかった。③どちらともいえない。②つまらなかった。①とてもつまらなかった）

（わかった度＝⑤とてもよくわかった。④よくわかった。③どちらともいえない。②わからない。①全然わからなかった）

★子どもたちの感想と評価

（数字は左が「楽しさ度」，右が「わかった度」）

- 今まで自分の体の部分のことなのに，全然といっていいほど知らなかったので勉強になった。（男，5，5）
- 気持ち悪くなりました。うえっ，何かやたらとリアルで。でも，体の中ってこんなふうになっているのかと関心が持てました。ひ臓は知らなかった。（女，5，5）
- 人体解剖図は少しめんどくさかったけど，楽しかった。体の中にいろんな物が入っていてスゴイと思った。（女，5，5）
- すごい勉強になった。中学校で習ったものに加えてたくさんのことを覚えなければいけないけど，図が自分の手もとにあって，しかも図に説明がついていたので見やすく覚えやすいです。（女，4，4）
- 人体解剖図は人間の体の内部がわかり，とても良いと思う。色々な各部分の説明もあって，非常にわかりやすかった。

（男，4，5）

- 人体解剖図を作ったり，色を塗ったりしたのが楽しかったと思う。（女，3，4）
- こういうプリントにどんどん張り合わせて色を塗っていくっていうのは，覚えやすいし，面白くていいと思った。（男，3，3）

気持ちよくできた
「人体解剖図」作りの授業

（初出No.227, 00・7）

由良文隆 神奈川・川崎市南加瀬中学校（当時　東橘中学校）

いまから2年前のことです。「仮説実験授業体験講座」に参加したとき，権田さんが紹介しているのを見て，すぐに「この〈人体解剖図〉は使える」と思いました。そこで，元版を1部譲ってもらって，中学2年生でさっそくやってみました。

「人体解剖図」の授業が〈気持ちよくできた〉なんて，おかしいかも知れません。でも，〈この教材をやってよかったなあ〉と，いい気持ちになれたのです。残念ながら生徒のみなさんに感想文は書いてもらっていませんが，全員がちゃんと組み立てまで完成し，いやいややっている人は見られませんでした。また，面倒くさがり屋の私が〈この次も中学2年生を担当したらやってみよう〉と思いました。それが，この教材のすばらしさを示す実験結果だと思うのですが，いかがでしょうか。

*

さて，私がやったやり方，気をつけた事をお知らせいたします。

・授業は理科室でやりました。説明がしやすいし，道具の準備，ゴミの始末もしやすかったからです。

・生徒が忘れても困らないように，糊とはさみを20ずつぐらい用意しました。色鉛筆は社会の授業で持って来ている人が結構いたので，貸し借りして間に合っていたようです。こちらで準備しなくても大丈夫でした。

・台紙も部品も同じ紙（再生上質紙）を使いました。台紙に厚い紙を使わなくても，とくに問題はありませんでした。

・結構すばらしいものができることを知ってもらうため，授業の最初に，完成したものを見てもらいました。そして，権田さんの「組み立て方」(110ペ)と「人体解剖マニュアル」の「各臓器の色」(111ペの柴田さんの指定した色)を印刷して配り，読み上げて作り方を説明しました。

・臓器などの印刷を自分でしたのですが，せっかく切っても臓器

の裏に印刷してある説明文の位置がずれていると無駄になってしまうので，まず，印刷がずれていないか確認してから切ってもらいました。
・切りそこねた人にすぐあげられるように，プリントは，余分に刷っておきました。
・一番小さな部品（すい臓のある部分）を切り損ねる人，心臓を切り離してしまう人が多かったので気をつけるように注意しました。失敗した人には，新しいものをすぐにあげました。
・作業中は，ゴミ箱を持って生徒たちの間を回ってゴミ集めをしました。手間取って遅れている人を見つけると「手伝ってもいい？」と聞いてから，時間がかかりそうな部品を切ってあげました。それで，1時間で全員が組み立てられました。
・色塗りは1時間ではとても終わらないので，宿題にしました。

＊

　完成したものを提出しなくても催促はしませんでしたが，たくさんの人が提出してくれました。
　最後に自分の顔をかいてもらったのですが，とてもリアルな顔をかいてくれた人が何人もいて，「この人の内臓を見るのはちょっとどっきり……」と思うこともありました。
（おわり）

112～114ペの「**人体解剖図学習プリント**」の答え

（1）大胸（筋），ウ。
（2）腹直（筋），昆虫の体節。
（3）呼吸，衝撃をやわらげてくれる。
（4）ア，左には心臓があるから。
（5）横隔（膜）。
（6）①肺，心臓。②小腸，大腸。
（7）3～4（cm），6～7(m)，太い，1.5 (m)。
（8）①○，②○，③○，④○，⑤○，⑥○，⑦○。
（9）①骨折。②肺胞。③吸い，はく。④アンモニア，アルコール，グリコーゲン。⑤塩酸，タンパク質。⑥消化，じゅう毛。⑦水分，虫垂。⑧ベレー帽，赤血球，リンパ。⑨胆液。⑩インシュリン。⑪血液，原尿。

> (初出 No.286, 04・10)
> # 人体解剖図の色塗
>
> 神奈川 柳下 修

「人体解剖図」『たの授』(No.227)を，子ども(中学1年)にやってもらう前に，自分で作ってみました(本書110ページに再録)。

記事には，〈型紙を切り貼りして組み立ててから，そこに色を塗っていく〉というやり方が載っていたのですが，〈先に色を塗った方が塗りやすいのでは〉という予想を立てて，そうやってみました。

しかし，その結果はイマイチ。確かに色は塗りやすく，出来上がった自分の作品には満足したのですが，組み立てる前にひたすら色を塗るのは結構疲れて，やる気を持続するのがちょっと大変でした(もっとも，苦労して色塗りをした後に組み立てる喜びは格別でしたが……)。やはり記事の通り，組み立ててから色塗りをした方がよいようです。

生徒さんたちにやる気を持続してもらうには，組み立てて全体の位置関係やつながりが見えるようにしてから，色塗りをした方がよいと思いました。その方が，色を塗る意欲がわいてくることでしょう。また，〈ここはどんな色がいいかな？〉と迷うような部分は，組み立ててからの方が色を決めやすいかもしれません。

なお，何色を塗るか決めるのに，迷う部分が結構ありました。記事にもありましたが，細かい部分が気になる生徒さん用に，見本を用意しておいた方がいいでしょう。僕は子ども向けの百科事典を参考にして色を塗り，色見本を作りました。

> (初出 No.251, 02・4)
> # 内臓パズル
> (人体解剖模型)
>
> # 人体パズル
> 「人体の骨格と内臓」
>
> 東京 重森幸代

私のお気に入りの教材を2つほど紹介します。

● 内臓パズル

一つは、うちの小学校の保健室で人気の「内臓パズル」（命名：重森）です（102ペ参照）。手のひら大のプラスチックパズルで、透明の胴体の胸部を取り外すと、ほぼ二段になった内臓の部品が、（腎臓は除いて）全部取り外せます。ただ、性器がないのはちょっと残念。

私は、1995年に国立科学博物館で行われた特別展「人体の世界」（日本解剖学会、読売新聞社共催）でこれを一つ購入しました。

手ごろな値段と大きさで、丈夫なので、あと6個ほしいと思い、国立科学博物館の売店に問い合わせましたが、その時だけの販売ということで、販売元もわかりませんでした。

小学校高学年から中学生で、体の勉強の時、グループごとにタイムトライアルしたら、楽しいだろうなぁ……。（東急ハンズ新宿店で「ジョシアン・ミニ」という名で2730円（税込）で売っていました。製造元シーエフエイチ・ジャパン）。

● 「人体の骨格と内臓」

もう一つのオススメは、東山書房の『クイズで覚える掲示板』（税込1365円）の中にある、人体パズル「人体の骨格と内臓」です。

上記の「内臓パズル」には負けますが、似たようなもので、厚紙などに印刷して内臓を切り取れば、パズルになります。クラス全員にあげられるけど、なくしたり、いたみやすいのが難点。

その本には、他にも、「ふしぎ！目のさっかく展覧会」とか、体に関してのしかけのある楽しい掲示物が紹介されています。その他にも学級でも使えそうなものが結構あって、おすすめです。

*内臓パズルはタテ約18cm、ヨコ約8cm。仮説社でも販売しています。税別4830円。

食べ物と腸のおはなし
――おなかすっきりさわやか

●新総合読本

(初出No.227, 00・7)

松崎重広　愛知・西尾市寺津小学校

1. おなかのいたい ともこさん

「先生，おなかいたいよう」

ともこさんがおなかをおさえながら，保健室にかけこんできました。

「あら，ともこちゃん。またおなかいたいの？　きのうもだったけど，朝，トイレに行ってきましたか」

保健の〈つづき先生〉が，やさしく聞きました。

「うん，行ったけど，今日もでなかったよ」

「えっ，今日もでなかったの？　今日で二日目ね。便秘かな，こまったね」

ともこさんのおなかをさすりながら，先生は言いました。

「便秘って，うんちがつまっちゃうことでしょう。前にもあったけど，お母さんが浣腸をしてくれて，やっとなおったこともあったよ」

「あらあら，そんなこともあったの？　ところで，ともこちゃん，あさごはんは食べましたか」

「食べてないよ。だって，ねぼうしちゃったもん」

「食べてないの？　それじゃあ，おなかがまだねているかもしれないよ」

つづき先生は，よく冷えたお水をコップに入れ，ともこさんに飲ませてくれました。しばらくして，ともこさんのおなかがぐりぐりいいだしました。

「お水を飲んだらおなかが動きだしたみたいね。さあ，もう一度トイレに行っておいで，今度はきっとでると思うよ」

２．「生活習慣病」ってなあに？

ともこさんのおなかは，つづき先生のくれたまほうの水でなおりました。

トイレに行ってうんちが出たのです。ともこさんの顔にえがおがもどりました。まもなく，担任の山田先生がやってきました。

「ともこちゃん，どうかなあ。おなかいたいの，なおったかな？」

「うん，なおったよ。お水を飲んでトイレに行ったら，すぐなおったよ」

ともこさんは，とてもうれしそうです。

「山田先生，ちょうどよかったわ。ともこちゃんのような子が最近とても多いんですよ。"生活習慣病"っていうんだけど，毎日の生活の仕方を注意するとなおるんだけど……」

保健のつづき先生は，そう言いました。

「"せいかつしゅうかんびょう"ってなあに？　病気なの？ともこはお医者さんに行かなくてはいけないの？」

変な言葉を聞いたともこさんは，ちょっと心配そうです。

「ううん，だいじょうぶよ。生活の仕方を少しなおせばいいんだよ」

つづき先生は保健室の壁にはってある紙を見せてくれました。

みんな元気，バナナうんち！
①毎朝トイレに行こう。
②やさいを食べよう。
③元気に運動しよう。

「ともこちゃんは，この3つのうち，いくつ○がありますか」

「うーん。トイレに行くのはきまってないし，やさいはだいきらいだし，運動もあまりしないし……」

「そうだなあ。ともこちゃん，やさいがきらいだね。給食でもよく残すね。家でもそうかなあ」

「うん，だって，ともこが食べないから，お母さん，やさいの料理はあまりつくらないよ。だって，食べたくないもん。お肉の方がいいもん」

ともこさんは，なきそうな顔になりました。

「少しずつでもいいから食べられるようになるといいね。なぜ，この3つが大切か，ぜひ，勉強しておきたいね」

山田先生は，ともこさんの頭をなぜながら言いました。

3．人間の腸の長さはどのくらい？

さっそく，次の日に，山田先生の「うんち」についての授業がありました。つづき先生も見にきました。

「今日は"みんな元気，バナナうんち"というおなかの勉強をします」

山田先生がそう言うと，みんな「えーっ」と声をあげました。

「"うんち"なんていうと下品かな？　でも，これ，健康にはとっても大切なんですよ。みんなは食べることには，とっても興

味があるでしょう。食べたら出る。出なけりゃ食べられないでしょ。だから、今日は、そのだいじなうんちのことを勉強します」

すると、つづき先生もつけたして言ってくれました。

「そうですよ。うんちでその人の健康状態がよくわかるのよ。赤ちゃんのときは、みんなも〈いいうんちで良かったわ〉と、お母さんにおむつをかえてもらっていたと思うよ。赤ちゃんは〈おなかいたいよー〉って言えないでしょ。だから、健康かどうかは、うんちでみるんだよ」

山田先生は、黒板に次のような問題を書きました。

〔問題１〕人間の食べ物の通り道（腸：口からこうもんまで）は、どのくらいの長さでしょう。（人間の大人の身長は170cmぐらい）

　ア．身長くらい（２m）
　イ．身の２倍（４m）
　ウ．身長の３倍（６m）
　エ．身長の４倍（８m）
　オ．もっと　　（　m）

「先生、なんでこんな問題がバナナうんちに関係あるの？」

問題を見ていたともこさんが言いました。

「体のしくみって、理科みたい」とまさお君。「そんなの理科室にあるあの気持ちの悪い模型をもってくればいいじゃん」

「まあまあ、あとでわかると思うよ。予想をまずたててみてください。長さがよくわかるように、テープでその長さを作ってみよう」

そういうと、先生はそれぞれの長さを紙テープで作ってくれました。８mのテープは長くて、黒板からはみ出て、ろうかまで出てしまいました。

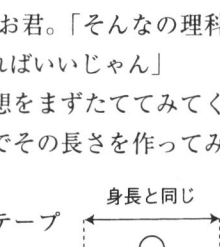

　ア．▰▰▰▰▰▰▰▰（＝テープの長さ）
　イ．▰▰▰▰▰▰▰▰▰▰▰▰▰▰▰▰

ウ. ■■■■■■■■■■■■■■■■■■■■■■■
エ. ■■■■■■■■■■■■■■■■■■■■■■■■■■■■■
オ. もっと

※人の身長は，手をよこに広げた長さとほぼ同じ。紙テープでだいたいの長さを実際に作ってみましょう。

「8mもあるはずない。おなかに入りきれないよう」
「⑦の身長ぐらいがいいんじゃないかなあ」
「ちがうよ。〈おなかの中は管（くだ）がぐるぐるまわってる〉って聞いたことあるよ。だったら⑦の6mくらいだと思うな」
「でも，わからんよ。意外にもっと長いのかもしれないよ」
「それはないよ。8mだって長すぎるよ」

こんな言い合いが続きました。みなさんはどう思いますか。予想をたてておいてから，お話のつづきをよみましょう。

4．細くて長い人間の腸

さあ，答えの発表です。先生がシャツの下から何かを出しました。3cmぐらいのはばの白いテープ（包帯（ほうたい））です。

「今から先生のおなかを調べます。おなかの管（くだ）は太いところも細いところもあるけど，だいたいこのテープぐらいのふとさの管だと思っていいでしょう。食べ物は，〈口→食道（しょくどう）→胃（い）→小腸（しょうちょう）→大腸（だいちょう）→肛門（こうもん）〉の通り道を通ってうんちになります。この全体を"腸（ちょう）"ということもあります。さあ，だしますよ」

1m，2m，3m，まだまだテープは出てきます。
4m，5m……まだまだテープは出てきます。
6m，7m……おやおや，8mもこえました。

「えーっ，そんなに長いの?!」

何人かの驚きの声が聞こえます。

ともこさんもまさお君も，テープがどんどん出てくるのでびっ

くりしてしまいました。そのとき，やっとテープのはしがみえました。どうやら肛門についたようです。

「ここが肛門です。なんと先生のおなかのくだ，つまり腸は9m，先生の身長（1.7m）の5倍くらいあるのです。このくだが先生のこのおなかの中にあり，そこを通ってうんちになるのです」

そういって，先生は長いテープをはってくれました。

①口から食道と胃，ここまでで約1mです。

ここで食べ物を小さくし，消化しやすくします。

②次は小腸で約6.5mあります。

ここで養分を吸収します。シワや枝(えだ)がたくさんある。

③次は大腸で1.5mあります。

ここは，水分をとり，うんちにするところ。

このすべてを「腸」とも言います。

「君たち子どもは，おとなよりは短いよ」

そういって，山田先生は，背の低いさとし君と高いまさお君をつれてきて，身長の5倍のテープを作ってくれました。さとし君のテープは約6m，まさお君のは7mになりました。先生よりは短いけど，それでもかなりの長さです。

「先生，本当にこんなに長いの，それにこんなにくだは細いの？」

テープを見ていたまさお君が，心配そうに言いました。

「こんなに細くて長かったら，食べ物が通らない。すぐ便秘だよ」

ともこさんは、もっと心配そうです。
「そうです。ちょっと心配になりますね。実は、ぼくも今まで、こんなに腸が長いとは思っていませんでした。ある本に〈人間の腸の長さは9m〉と書いてあって、ほんとかなあと思い調べてみたんです。そしたら、人間の腸の長さとか働きとか、びっくりすることがたくさんみつかったのです。つづき先生はこの問題、できましたか？」
「実は、わたしも今まで知らなかったんです。人間の腸がこんなに長いとは、びっくりしますね。それに関連して、ちょっと話してもいいですか。いつもは保健室にはってあるこの紙を見てください」
　そういって、つづき先生は「元気バナナうんち」の紙を見せながら、そこに書いてあることをひとつひとつまとめて話してくれました。

①毎朝トイレにいこう……腸に生活のリズムをつけることです。朝になると自然とうんちがしたくなるという、そんな生活がしたいですね。〈リズム〉ですから、毎日夕食後という習慣でもいいわけだけど、みんなは朝の方がいいね。

②やさいをたべよう……これは、やさいの〈せんい質〉が大切だということです。細くて長い腸でもやさいがあるとするりと通れます。それに〈栄養のバランスをとる〉ということも、健康のためにはたいせつなんです。

③元気に運動しよう……筋肉をきたえることも大切かもしれないけど、運動しながら長い腸をあちこちゆらしてやると、腸も正しく働けるようになるんですよ。

5．肉食動物と草食動物では，どちらが腸が長い？

　つづき先生の話をきいていた山田先生が，もう一つ次のような問題を黒板に書きました。

〔問題2〕

　1）ひつじの腸は人間より長いか短いか。

　　ア．長い　　　イ．同じ　　　ウ．短い

　2）犬の腸は人間より長いか短いか。

　　ア．長い　　　イ．同じ　　　ウ．短い

　「これは，草などを食べる草食動物や，肉を食べる肉食動物の腸がどんな長さかを聞いている問題です。予想がたったら，どうしてそう思ったか教えてください」

　「ひつじは，なんとなく長い気がするな。だって，モグモグ草を食べて，ころころうんちをするんでしょ？」

　「わたしも，そんな感じがするよ。草だと，いくら腸が長くても，つまらないんじゃなあい？」

　「そうかなあ，だったらうさぎも草を食べるけど長いのかなあ」

　「そうだよ，うさぎは小さな体のわりには長いと思うよ」

　「みんな，なかなかいいこと考えていますね。では，答えを言いますよ。ひつじは〈⑦長い〉が正解です。じゃあ，どのくらいあるか，知ってますか？」

　「人間より長いんでしょ。15mくらいかな？」

　「はずれ。もっと長いよ。約30mあるそうです」

　「えーっ，30mもあるの？　よくそれでつまらないねえ」

　みんなはとてもふしぎそうな顔をしています。

　「草ばっかりだから，つまらないんじゃなあい？」

　「草をモグモグ食べて，ぐるりぐるりと30m進んで，コロコロうんちなんて，まるでうんちの工場だね」

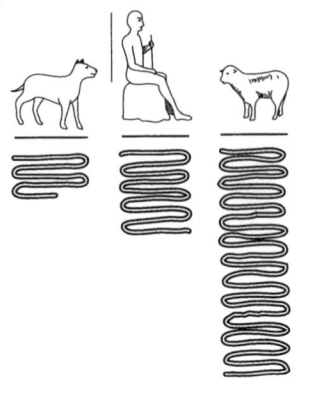

と，みんなかってなことを言っています。ひつじの腸の長さにはやはり，みんなびっくりしたようです。

「草食動物は長い腸を持っています。ひつじは体長の24倍で約30mです（牛は20倍，馬は12倍）。人間は座高を基準にするそうで，その9倍。だから身長の約5倍と考えればいいね」

「じゃあ，先生，肉食の犬やライオンは腸が短いの？」

「うん，そうらしいよ。犬は体長の4〜5倍というから，大きな犬でも5〜6mぐらいらしいよ。腸の長さでみると人間は，肉食動物と草食動物の間になるようです。ということは……」

「わかった。人間は肉もやさいも両方食べる。草は食べないけど肉食と草食の両方の動物というわけでしょ」

ともこさんが言いました。

「そのとおりです。動物の腸の長さは，どうやら食べ物と大きく関係しているようです。科学者の実験によると，たまごのきみばっかりと，藻などの植物のえさばかりを食べさせたオタマジャクシとでは，腸の長さが2倍もちがうということだよ」

「もちろん，藻を食べたオタマジャクシの方が腸が長いんでしょ」

「そのとおり。人間は長い間かかって今の体に進化してきました。適当に肉を食べ，適当に野菜を食べなくっちゃあ，腸そのものに悪いというわけですね」

4 ½倍　　　9倍　　　　24倍
イヌ（肉食性）　ヒト（混食性）　ヒツジ（草食性）

「先生，わかったよ。今日からやさいを，もっと食べるようにしてみるわ。お母さんにもこのことを教えてあげるよ」

ともこさんの笑顔(えがお)に，教室の窓からすっきりさわやかな風が流れてきました。今日は家でも，"みんな元気，バナナうんち"の話がはずむことでしょう。

*

このお話は，「野菜を食べるといいことあるなあ」と子どもたちが感じてくれることを願って書いたものです。主に『理科事典』12巻（平凡社，1952）の「腸」の項目を基本にして書きました。くどくど説明する必要はなく，実演をしながらただ読むだけでよいでしょう。授業でなく，もっと多くの児童相手の集会などでも使えると思います。実は，私自身，全校での保健集会で実際にやってみました。「先生，よくわかったよ。おもしろかったよ」と，大変評判が良かったので，少し手を加えてここに発表することにしたわけです。

なお，本文中には省きましたが，小腸は500円玉ぐらいの太さだそうです。また，腸の長さは生体の状態では，6mほどにしわをよせたりして縮んでいるそうです。

授業してのご感想などあればぜひ教えてください。

◇お薦め本
1）立花隆著『文明の逆説』（講談社，1976）の「人間とはなにか？」の章。
2）宮地祐司著『生物と細胞』（仮説社，1999）。小腸の絨毛のさし絵などが授業に役立つ。
3）『からだのサイエンス』ニュートン別冊（ニュートンプレス，1996）。小腸の絨毛の写真がみごとです。

> （初出 No.298, 05・8）
> ## ルアン・コロンボ
> 『立体モデル大図鑑 人のからだ』
> 講談社（税込2940円）
>
> 埼玉・権田信朗

プラスチックでできた「立体人体模型」が，本の中央に入っています。ページをめくると，皮膚，骨格，消化器，泌尿器，循環器などの順に説明のページと一緒にプラスチック模型の部位がめくれていくという図鑑（A4変形サイズ）です。皮膚の部分は透明なプラスチックでできていて，前後から見ることもできます。

説明の文は分かりやすく，ふりがなもたくさんついているので小学生でも読めると思います。

たとえば，「皮膚のしくみ」というところには「おふろに入ったときに皮膚の表面をこすると，アカが出ますが，いたくはありません。これは皮膚の表面の細胞が死んでいるからです」と書いてあります。

「おしっこができるまで」の中には「おとなの身体の中では，毎日1500リットル（大きなペットボトル1000本分!!）以上の血液が腎臓を通りぬけて，おしっこを作っています」などと書いてあり，興味をひく内容になっています。

「人体」の授業などで使えると思います。

> （初出 No.5, 83・8）
> ## 井尻正二
> 『ふしぎふしぎ人のからだ』
> 築地書館（税込1890円）
>
> 東京・田中秀家

ヒトのからだの構造を生物進化の視点からとらえた小・中学生から大人のだれもがハッとさせられる本。

おすすめビデオ 「驚異の小宇宙・人体」

古山園美　北海道・札幌市信濃中学校（当時）　　（初出No.227, 00・7）

　中学2年生の理科では，「人体」について学習しますが，その時に私が毎年見せているビデオがあります。10年くらい前にNHKで放映された「驚異の小宇宙・人体」という番組のビデオです。

　各50分で，「生命誕生」「しなやかなポンプ〈心臓・血管〉」「消化吸収の妙〈胃・腸〉」「壮大な化学工場〈肝臓〉」「なめらかな連携プレー〈骨・筋肉〉」「生命を守る〈免疫〉」の6本あります。

　このうち，「胃腸」「心臓・血管」「肝臓」の3本を47分に編集したものを，毎年教科書の単元が終わったところで見せて，感想を書いてもらっています。過去5回やりましたが，毎年，素晴らしい感想を書いてくれます。中学校だけでなく，小学校や高校でも見せるといいのではないかと思います。

　他にも，「骨・筋肉」は17分くらいに短縮して授業の中で見せています。また，「生命誕生」は，3年生で見せています。細胞の映像も結構でてくるので，《生物と細胞》の授業の中でも有効です。
〔06年現在，NHKでDVD化して販売。全6巻，税別2万2800円。http://www.nhk-ep.com/〕

子どもの感想

◎小腸は体のサンゴ礁みたいだった。人間の体の中は本当に複雑だけど，感動ドラマが毎日のように行なわれているなんて，自分自身がんばらなくてはいけないと思いました。とてもいい勉強になってよかったです。（徳尾さん）

◎血管や心臓の内部を見ていると，いろいろな物が協力して人の体が成り立っていることがわかる。自分の知らないところで，いきていくためにさまざまな活動をしていることを，人は感謝しなければならないと思います。現在の科学技術にはおどろかされるけど，それを動かす，観察する人間がいないと，それもただの機械になってしまうでしょう。「人間と機械」この2つがそろってこそ，人の体が解明できると思います。自分の体はやっぱり自分が一番知っていなければならないとこのビデオを見て思いました。（池田君）

◎人間の体ってスゴイぞ！　日本とかより全然ハイテクだ！　地球にやさしい！（浦屋さん）

胃酸(塩酸)はどのようにできる？

(初出No.227, 00・7)

入江洋一
広島・広島市高陽中学校

■塩酸ができる過程の予想

胃液には，「胃酸」が含まれていますが，その胃酸というのは，じつは塩酸のことです。〈塩酸（HCl）〉というのは，水に〈塩素イオン（Cl$^-$）〉と〈水素イオン（H$^+$）〉が溶けたものです。

| 塩酸
(HCl) | 水素イオン＋塩素イオン
(H$^+$)　　　(Cl$^-$) |

濃い「塩酸」は，においも激しく，多くの金属をとかします。胃液の中の塩酸の濃度は0.5％ほどだそうですが，それでもかなりの濃さです。だから，「胃酸過多」が続くと胃に孔があいたりするのでしょう。

そのような激しい性質のものが人体にとって大切な役割をはたしているというのはおもしろいことですが，そもそも，その塩酸は，どうやって体の中にできるのでしょう。まさか，塩酸を飲んでいる人はいませんよね。

塩素イオン（Cl$^-$）の出所については，想像できます。ほとんどの人が毎日食べているものの中に含まれる食塩（塩化ナトリウム）は，ナトリウムイオン（Na$^+$）と塩素イオン（Cl$^-$）が集まってできています。その塩素イオンから塩酸がつくられているとも推測できます。

| 食塩
(NaCl) | ナトリウムイオン＋
(Na$^+$) | 塩素イオン
(Cl$^-$) |

それなら，水素イオン（H$^+$）の方はどうでしょうか。

酸っぱい味の食べ物には，たいてい酸（水素イオン）が含まれています。だから，酢やレモンを食べると，水素イオンも食べたことになります。

しかし，胃液は毎日たくさん（医学書院『図解生理学』によると，1〜2.5リットルくらい）出ているのに，ぼくたちはそんなにたくさん酸っぱいものを食べてい

るとは思えません。もっとも、塩だって、そんなにたくさん食べているわけではないけれど……。

さて、「水素イオン（H⁺）」を、いったいどこから……。

（予想）
ア．水素イオン（H⁺）を含んだ食べ物から取り入れている。
イ．食べ物から取り入れないで、体の中で水素原子（H）を水素イオン（H⁺）にかえている。
ウ．その他

■胃の中で塩酸ができる仕組み

中島邦夫・柏俣重夫『新生化学入門 第2版』（南山堂,220ペ）には、水素イオンができる仕組みについて、およそ次のように書いてありました。

血液の液体成分である血漿は、ほとんど水（H₂O）ですが、その中にはナトリウムイオン（Na⁺）や塩素イオン（Cl⁻）などのほかに、体の中にできた二酸化炭素（CO₂）も溶けこんでいます。その二酸化炭素と水から、炭酸水素イオン（HCO₃⁻）と水素イオン（H⁺）ができて、この水素イオンが、血液中の塩素イオン（食塩から取り入れられた）といっしょになって塩酸になり、胃の中に分泌される——ということです。したがって、先ほどの問題の答えは「イ」です。

なお、水素イオンと同時にできた炭酸水素イオン（HCO₃⁻）は、再び血液の中に戻されるそうです。すると、血液中の電気的なバランスがくずれるようにも思えますが、じつは塩酸の材料として（Cl⁻）が使われているので、＋－はちょうどよくなるのです。

当たり前かもしれませんが、なかなかよくできているなぁと改めて感心しました。それにしても、いろんなイオンの中から塩素イオンや水素イオンを選んであっちからこっちへと移動させるなんて、体の仕組みは、知れば知るほど不思議なことだらけです。

〔血液〕　　　　　　　〔胃〕

Na⁺ ＋ Cl⁻ ──────→ H⁺ ＋ Cl⁻
（食塩）　　　　　　　　（塩酸）

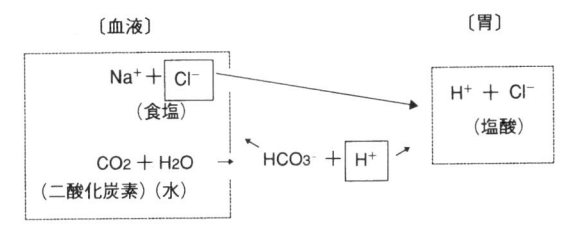

CO₂ ＋ H₂O → HCO₃⁻ ＋ H⁺
（二酸化炭素）（水）

解剖したから間違えた医学者たち

■「血液循環説」はなぜ1600年代まで登場しなかったのか

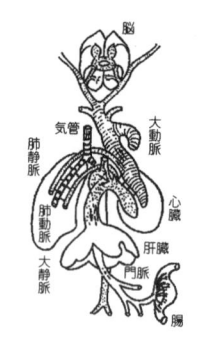

古代ローマ時代の人体構造図（ガレノス）

板倉聖宣　東京・板倉研究室

● 〈血液の循環〉も知らなかった医学者たち

エラシストラトス（古代ギリシア，前304頃～前250/40）は，アリレクサンドリア一の（ということは，当時，ほとんど世界一の）すぐれた医学者でした。しかし彼は，「人間その他の動物の体内では，血液が循環している」ということを知りませんでした。

「人間の体内では，〈心臓から流れ出た血液〉が動脈を通って全身に行きわたり，静脈を通ってまた心臓に帰ってくる」ということは，今では〈常識〉になっています。しかし，古代には，もっともすぐれた医学者でも，そのことを知らなかったのです。それどころか，古代の医学者たちは，「動脈の中には血液が流れている」ということも知りませんでした。そして「動脈の中には，〈プネウマ＝生気〉という〈生命のもとになる気体〉が流れるのだ」と間違って考えていたのでした。

＊板倉聖宣『原子論の歴史（上巻＝誕生・勝利・追放）』（仮説社，2004）より，第5章「アルキメデスの科学と原子論―付：医学者エラシストラトスと原子論」の冒頭部分（126～131ペ）を転載。

134

血液の循環の事実をはじめて確定したのは，17世紀の英国の医学者ハーヴィー（1578～1657）です。そのことは，彼が1628年に『心臓と血液の運動』という本を著すまで，知られていなかったのです。そこで，次の問題を考えてみてください。

ハーヴィー（1578～1657）

〔問題〕　古代・中世の医学者たちは，「血液は人間の体内で循環している」ということを知りませんでした。どうして，そんな基本的な事実も知らないでいたと思いますか。

　予　想
　ア．古代の医学者たちは人体の解剖を行わなかったので，血液循環の事実を知ることができなかった。
　イ．解剖はしていたが，強い先入観のために，目の前に見える事実を認めようとしなかった。
　ウ．「血液が循環している」という事実は，解剖しても，もともと知りにくい事実だった。

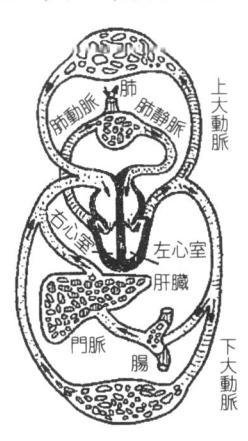

「血液循環」が強調して描かれたハーヴィーの図

さて，どうでしょう。
　私は，医学とくに解剖のことをよく知らなかったので，長いあいだこの問題の正答を知りませんでした。しかし，原子論を中心

135

にした科学と社会の歴史を本格的に研究することになって，ロング著・難波紘二訳『病理学の歴史』（西村書店，1987）という本を読んで驚きました。そこには，

> 「今日の我々は，動脈壁の弾性により血液は死後に毛細血管内に押しやられるのであり，空気は血管を開く際に入ること，そしてこれは解剖する以上避けがたいこと，を知っている」（『病理学の歴史』13ペ）

と書いてあったからです。

　人体その他の動物を解剖すると，静脈はもちろん動脈の管を目で見ることができます。しかし，「その動脈の中はいつも空っぽで，その中に血液がはいっていることはない」というのです。動脈の中は，もともと血液が満たしていたはずです。しかし，「人間その他の動物が死ぬとすぐに，その血液は毛細血管の中に押しやられてしまう。そこで，いくら解剖しても，その血液を動脈の中に発見することができないのだ」というのです。

「この目で見たから絶対確かだ」とは言えないこともある

　人間その他の動物が「死んでいる」ということは，「心臓も止まっている」ということです。人間が生きているとき，血液を身体全体に循環させるのにもっとも重要な働きをしているのは心臓です。そこで，その心臓が止まってしまうと，血液循環も止まります。すると，動脈の中にあった血液は，そのまま動脈の中にとどまってはいられない，というのです。

　動脈の管の壁は，〈強いゴムのような弾性〉をもっているそうです。動脈の壁の弾性は，生きているときには血液を循環させる

役割の一部を担っていたのです。ところが，人間が死んで心臓が動かなくなるとすぐに，動脈の管はその弾性によってぎゅっと締まります。そこで，その力で動脈内の血液を毛細血管の中に押し入れてしまうというのです。ですから，

　　「古代の医学者たちは，人間その他の動物を解剖しなかっ
　　たから，間違って考えた」
というわけではなかったのです。

　事実はその正反対で，「解剖したからこそ，間違った考えをもつ結果になった」と言ってもよかったのです。ハーヴィーは，動物の心臓が動いているうちに解剖しました。そして動脈の中に血液が流れていることに気づき，多くの推論を重ねて，人間の体内での血液循環の事実を明らかにすることに成功したのです。

　人間その他の死んだ動物を解剖すると，ときには動脈内に少し血液が残っていることもあるそうです。しかし，そういうことは例外的に起こることなので，古代の医学者たちは，「病気か事故のために血液が動脈に入り込んだのだ」と考えました。そこで「動脈に血液があるのはよくないことだ」と考えたようです。それで，ときどき〈瀉血〉といって，動脈から血液を抜き取る手術が行われたのでした。

　科学を研究するときには，ときどきこういうことが起きます。「これは自分の目で確かめたことだから，絶対確かだ」と思っても，それが間違っていることがあるのです。

　そういえば，私たちは毎日，太陽が私たち地球の回りをまわって動いているのを見ながら生活しています。本当は地球が太陽の回りをまわっているのに，地上から見た限りでは，太陽が地球の

回りをまわっているように見えるのです。それに，いくら足元を見つめても，「地球が動いている」とは，どうしても思えません。だから，昔の人びとは「地球が太陽の回りをまわっているのではなくて，太陽が地球の回りをまわっているのだ」と間違って考えていたのです。

だから私たちは，「自分の目で見たから確かだ」と決めつけないで，いろいろな可能性を考えて予想をたて，それを一つひとつ確かめて本当のことをさぐることが大切なのです。それは，古代ギリシアの哲学者ヘラクレイトス（前524〜前464）のいうように，

「予想しなければ，予想外のものは見いだせないだろう。それはそのままでは捉えがたく，見い出し難いものなのだから」

というわけです。

エラシストラトスの医学研究と原子論

エラシストラトスはハーヴィーよりも1900年も昔の人ですが，人間その他の死んだ動物の解剖をもっともたくさんした医学者でした。そこで，死体の中の動脈の中を何回も見たことがあったので，「動脈の管の中には血液がないもの」と確信をもっていました。その点では，当時の他の医学者と変わりがありません。

ところで，エラシストラトスは彼より35〜35歳ほど年上だったエピクロス（前342〜前271）やストラトン（前340/30〜前268）の研究成果を受け継いでいました。エピクロスは「ものの重さ」に目をつけて科学の基礎を築いた原子論者ですが，ストラトンはアリストテレスの開いた「逍遥学派」の第3代学頭になった人です。

エピクロス派とアリストテレス派とでは，対立するばかりのよ

うにも考えられますが，では，彼はどんな点でストラトンの考えを取り入れたのでしょうか。

　彼は，アレクサンドリアでストラトンに学びました。そして，アリストテレスの〈真空嫌悪説〉を取り入れて，「動脈内に空気があるのは，自然が真空を嫌って，そこに入り込むからだ」と考えたといいます。前に引用したロング著『病理学の歴史』には，

> 「今日の我々は，……空気は血管を開く際に入ること，そしてこれは解剖する以上避けがたいこと，を知っている」

と書いてありますが，エラシストラトスは，その点では正しかったのです。彼は，その他の点でもストラトンの空気や圧力の研究成果を医学に適用して研究しました。そこで，のちに〈世界最初の生理学者〉と呼ばれるようになりました。

　そういえば，古代から伝わる医学史の本には，

> 「彼〔エラシストラトス〕は，彼以前の理論家から，〈身体から目に見えない流出物が発散している〉という学説を受け継ぎ，どうやら生きているニワトリを試験台にしてこれを確立しようと試みたようである。まずその重さを計測し，ついで一定期間，囲われた空間の内に置く。それから，排出された糞と一緒に再度，重さを量り，全体の重さが最初の重さより少ないことを発見したが，エラシストラトスはこの事実を，われわれの資料の言い方によると，〈多くの発散が生じた〉ことを示す証拠と解した」

と書いてあります（ロング著・難波紘二訳『病理学の歴史』135ペ）。

　エラシストラトスは，〈重さを重視して研究する原子論の考え方〉を医学研究に持ち込んでいたのです。

京都パスカル 人体解剖図

腎臓はどこにある？肝臓は？すい臓は？…… けっこうわからない人が多いのでは？ そんな人にはこの解剖図がオススメ。臓器が印刷してある紙からそれぞれの臓器を切り取り，台紙に順番に貼っていきます。各臓器の裏にはその働きが書いてあります。楽しく組み立てながら，人間のからだの仕組みや働きを覚えちゃいましょう！

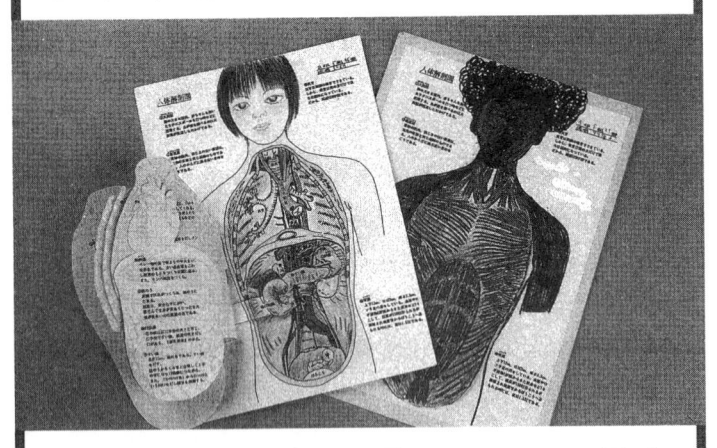

・臓器が印刷してある紙（B5とB4，裏面にそれぞれの臓器の説明あり）
・人間の絵が書いてある台紙（B5）

各10枚入り 700円（税別）

＊この人体解剖図用の「学習プリント」は，本書100ペ参照。

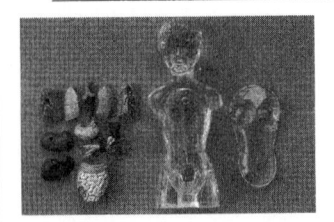

内臓パズル

11に分かれた内臓（写真左）を，からだ（写真真ん中）に正しく入れてください。できるかな？
　　手のひら大，4830円（税別）

仮説社

第4部

たのしく学ぼう！

「生物のしくみ」

本格的な科学がしたい！

●科学クラブの子どもたちと，初めての《生物と細胞》

(初出No.292, 05・3)

眞田桃子 北海道・栗沢町栗沢小学校

◆科学クラブができました

　今年は小1の担任です。「今年は」といっても，このところは小1，小2，小1なので「今年も」と言った方がいいかもしれません。だから担任発表があったあと，「あー，今年も〈三大やってみたい授業書〉(《生物と細胞》《生物と種》《禁酒法と民主主義》)は，おあずけかあ……」と思っていたら，棚からボタモチがごろんごろんとおちてきました。

　今年から，私の学校にも，科学クラブができる！（ということは……高学年の子たちと授業ができる！）

　しかも，担当者は一人！（ということは……好き勝手に授業ができる！）

　教務の先生からの提案を夢見心地で聞いたあと，担当希望の紙がまわってきます。もう，一点買いで「科学クラブ！」と大きく書きました。でも，この学校って，理科が専門の人が4人もいる

のです。確率は五分の一。さて，どうかな？

　なんと，めでたく私は科学クラブの顧問になれました。先生たちの中には「科学だけはイヤ」という人もいてラッキーでした（私も仮説実験授業に出会ってなかったら，そうだったかも）。

　そして，勝手に想像する。例年，人気が集中するのはバスケと家庭科。サッカー，パソコンときて，一輪車が次に続く。のこりがイラスト。科学もたぶんこのへん。だから，科学クラブにくるのは，そーとーマニアックに理科が好きな子たちばかり。マニアックな人たちと，うんとディープに仮説をたのしめる！　私の頭のなかには早くも《生物と細胞》への夢がむくむくと……。予算の要望書に「ホールミラー板」*とか書き込んで，着々と準備をすすめていました。

　さて，クラブの名簿ができあがり，子どもの名前を見てビックリ。人数は13人（4年男子2人，5年男子1人，6年女子6人，男子4人）で，やりやすいサイズなんだけど，私が予想していたとおりの「科学マニア系」または「理科好き系」な子に混じって，気になる名前が。それは，バレー部の女の子3人。現在，6年生で渦中の人たちです。職員室の風のウワサによると，バレーの6人グループの中で一人の子を無視して，その子が部をやめるやめないでごたついてるとのことでした。

　で，その6人のうちの半分が科学クラブということになるでは

＊ホールミラー板：30倍の顕微鏡「ライトスコープ」で，とくに水にとかしたものを見やすくするために，《生物と細胞》の作者，宮地祐司さんが考案した道具。20枚セット．税別2000円。仮説社で販売。

ありませんか。しかも、「中心人物」と「被害者」がそろい踏み。うーん、ドキドキ。どーなっちゃうのかな？

◆本格的な科学がしたい

1回目のクラブの日。

バレー部の3人が気になって、まよって、まよって、結局この日は《生物と細胞》ではなく〈ロケットであそぼう〉という授業プラン（松田勤さん作成）をしました。バブ（入浴剤）を使い、CO_2ガスで景気よくフィルムケースをとばしてニコニコしてもらおうという魂胆。その結果は、かなりいい感じでした。「3人」も、ほかの子も、「とってもたのしかった」という感想。

2回目のクラブもロケットの続き。この日はオミヤゲにフィルムケースとバブをプレゼント。でも、バレーの子たちは一つしかない「森林の香りバブ」を取り合いになってかなりケンアクな雰囲気。じゃんけんでもするのかとこっそり見守っていたら、なんと3人でその直径3センチ程度のバブを金槌で割り、粉までしつこく等分して持ち帰っていました。やっぱり、スッキリサッパリいかないんだなーと思ってしまいます。気になるなあ。

そして3回目のクラブのとき。ふと見ると、女の子2人が内職をしています。例の3人ならわかるけど、理科好きの子が……。なんかショックだけど、見て見ぬふりをしました。

その子たちの感想をあとで読んだら、「もっと本格的な科学の実験がしたい」と書いてありました。「バブロケットをとばすのだって、十分科学的なんだけどなあ」なんて、ちょっとヘラヘラ考えてみたけれど、じつは私の気持ちを見透かされたようで、ド

キッとしていたのです。

　〈ロケット〉に決めたのは，バレーの3人を意識してのこと。「3人のことばかり」というわけじゃないけど，ほかの10人よりはその3人のことを考えてるんだよね，私。うーん，私は何のために科学クラブの担当になったんだ？　これじゃイカンよね。

◆《生物と細胞》スタート!!
　3人の人間関係が気になって，気づいたら自分が人間関係に絡め取られていたのです。でも，もーやめた！
　ということで，4回目のクラブのとき（6月11日）から，ついに念願の《生物と細胞》をスタートさせました。
　そうしたら，なんというか，スゴイ！　スゴかった。
　第1部〔質問1〕，「細胞について知っていることを出し合う」という部分です。5年生の男の子が手を挙げました。
　当てるなり，「前に出て説明していいですか？」。そして，黒板に図を書きながら，とうとう一人しゃべりはじめた。植物の細胞，動物の細胞，「みとこんどりあ」「ようりょくたい」「さいぼうへき」「いでんし」と，中学校で習うような言葉がよどみなく流れ出てきます。ボーゼンと聞き入るみなさん……。他の理科好きたちからも，「DNA」とか「人間自体が細胞」とか，ぽんぽん出てきます。
　なんだか圧倒された。そうか，そうかー。みんな，こういうの待ってたんだね……。

ボーゼンとききいるみなさん。

　ふと見ると，バレー部3人のうちの2人が，すっごく丁寧に「細胞の想像図」を描いていました。うれしくて

「みんなに見せていい？」と聞いたら、「ア，ハイ」と小さな返事。みなさんから「おー，キレイ！」と声が上がります。いいなー。

いよいよ『ミクログラフィア』*を広げると，子どもたちからまたまた歓声が。「すごーい！」「うまーい！」「ほかのページも見せて！」。……コルクを渡し，紫タマネギの細胞を見て，この日はオワリ。それで，「帰ってイイよ」と言ってるのに，残って『ミクログラフィア』を見ている子が何人もいました。

感想を見ると，理科好きの子たちはもちろんみんな評価がよくて，「本かくてきな実験ができてよかった」とか「おもしろかった」と書いてくれています。さて，バレー部の3人は？……読んでみて，ホッとしました。嬉しい。

- とっても楽しかった。コルクや紫タマネギの細胞がすごかった。
- さいぼうの事なんかまったく興味がなかったけど楽しかった。
- はじめは生物のことなんてぜんぜん知らなかったけど，少し好きになった。タマネギを見たときも，変な物がいっぱいうつっていた。もっといろんな物を見たいと思った。科学には，こんなむずかしいことがいっぱいあるんだと思って，とても楽しかったです。

◆火を使った実験がしたい

7月9日，《生物と細胞》2回目。あぶらみの細胞を見てオワリ。この日もバレー3人組は好感触。でも，この前の「本格的な実験がしたい」の女の子2人組プラス男の子一人は，「次は火を

---

*ロバート・フック原著，永田英治・板倉聖宣訳『ミクログラフィア図版集―微小世界図説』仮説社，1985年（原著1665年）。フックが顕微鏡（と望遠鏡）で観察した自然界の，驚くほど精密な図版集。

使う実験がしたい」と書いていました。そこでクラブ通信に「実はまだまだ続きます。もうちょっとおつきあいください」と，軽く書いておきました。

　この前，「本格的な科学がしたい」と書かれたときは，あんなに胸がズキズキしたのに，こんどはちっとも気にならないのが自分でも不思議です。けど，それはアタリマエって気もします。だって，今回は特定の子を意識してるんじゃなく，自分が本当にやりたいことやってるんですからね。自分の好きな授業書やるときって，「まあまあ，とりあえず3回はつきあってよ」なんて余裕があります。それに，次はなんと言っても「水晶体」の出番です。こういうのがキライな「理科好き」の子どももいないはず……。

◆**白衣と魚のアタマ**

　7月16日，《生物と細胞》の3回目，そして，いよいよ1学期最後のクラブ。

　私は，実はすごく緊張していました。だって，魚の目から水晶体をとりだす実験がある！　しかも，予備実験していない！

　実は，こわかったのです。魚の身を調理するのはヘイキだけど，頭から目玉をくりぬいて，さらにその目に包丁を入れるなんてイタソーなこと，一人で台所でなんか，できない―！　やだー！（「好きな授業書」とか言っている割にはツメが甘い）

　……というわけで，ぶっつけ本番です。

　タイの頭は，学校の近所の居酒屋「いの家」のお父さん（保護者）に電話をかけてゲットしておきました。お父さんは，初心者

の私が目玉を出しやすいように、頭をタテ半分にカチ割っておいてくれました。ありがとうございます……。

いよいよクラブの時間。魚のノウミソ（？）や髄液（？？）が飛び散るのが怖くて、かといってエプロンはどうかと思い、白衣を着て行きました。私はこれが白衣デビュー。

理科室につどう子どもたちは「先生、すっげー！」「科学者みたいだね！」「カッコイー！」とおおにぎわい。そうそう、思い出したけど、子どもってコスプレ（？）大好きなんですよね。「着てみたい子いる？」というと、2人の男の子が本当に出てきて、うれしそうに着てました。けど、子ども同士は「給食のオバサンみたいー」と、けなしあってます。キビシイ……。

特注の白髪を観察した後、子どもたちを前にあつめて、いよいよ魚のアタマ。一人ではあんなにイヤだったのに、子どもたちが「先生、こわくないの？」「きもくない？」と聞いてくると勇気が出るんだなあ。「だいじょーぶ！」と、「いの家」のお父さんの教え通り、内側から目玉を押し返す。「うえー」「とびだしたー」とつぶやく子たちを尻目に、二度三度と押し返すと、ぶちぶちっとまわりがはがれて目玉がぽろん。目玉にカッターを入れると、ぶしゅっと液体がとぶ。「うわあ」と避難する最前列の子。そしてコロンと……本当に本当にキレイな水晶玉、じゃない水晶体！が出てきました。

「うっわー、キレーイ！」

気持ち悪がってた子も、そう

でない子も，一斉にタメイキのような，ほおっとした声をあげました。魚には悪いけど，それは現実の情景にふさわしくないほど，みんなうっとり。一体感のある，ステキな瞬間でした。

　私がもう片方の目玉と格闘している間，すでに取り出した水晶体を独占している子がいました。「みせてー」「かしてー」と迫ってくる他の子から逃げまわりながら，水晶体を自分の手のひらで転がしたり，日の光に照らしたりしているのです。それがバレーの3人のうちの一人。なんか意外な光景でした。

　感想では，「火の実験」の3人が，もうそんなこと言ったの忘れているみたいに「たのしかった！」「おもしろかった」と書いていたのには笑っちゃいました。そして，バレーの3人の中心的な子が，こんな感想をくれたのです。

　　水晶体を見たとき，ものすごくきれいで，とうめいだった。自分にもそんな物があるんだなと思ったら，ちょっとふしぎに思った。

　「自分にもある」ということに気付いて，それを書いてくれた彼女。なんだか嬉しかった。そういえば，前回のあぶらみの時も，こんな感想でした。

　　細胞を見たとき，「きもちわるいー」と思ってた。でもそれが，自分にもたくさんついているんだと思ったら，そーでもないなと思った。

◆《生物と細胞》から広がる希望

　「自分にもある」という感想文を読んで思い出したことがあります。6年生バレー部のゴタゴタの話し合いの後，彼女たちに作文（反省文？）を書かせた先生が，「中心的な子の作文がいちばん

傍観的だった。自分のこととしてとらえていない」とぼやいていたのです。「でも，そんなことないかも」と，今の私は思いかえしたのです。

彼女は，水晶体も，脂肪細胞も，単に「さかなの」「ぶたの」（＝自分とは無関係なもの）ではなくて，「私と同じもの」としてとらえているのです。なんか先の見通しが明るく感じられます。だって，《生物と細胞》の第1部の最後は，「あなたも私も，生きものなんでも細胞！」だもんね。

「いじめている私」も，「いじめられている私」も，みんな同じように細胞のあつまり。それを知ったときには，みんな，どんな感想をくれるでしょう。……？　うん，とっても楽しみです。

「また新しい発見をすることができました。今日も楽しかったです」とは，クラブ長さんの今日の感想。本当に私がやりたい，伝えたいと思っていた科学＝《生物と細胞》をやってよかった。

クラブがスタートする前の，「全員が理科マニア」という私の予想は見事にハズレ。でも，それはとっても嬉しい予想ハズレでした。マニアだけでなく，ほんとうにいろいろなタイプの子が，それぞれにこの授業書をたのしんでいるのが，ぐんぐん伝わってきたからです。

そして，バレー部の子どもたち。

一番気になっていたはずなのに，《生物と細胞》をはじめた今では，私は彼女たちのことを，「被害者」「加害者」と意識するような場面がなくなってしまっています。笑顔をいっぱい，輝きをいっぱい，見ちゃったからかな？

続きをするのがとてもたのしみです。　　　　　〔おしまい〕

● 〈利点〉を問うことで開けるおもしろい世界
生物学の楽しい学び方

(初出No.201, 98・9)

清水龍郎 埼玉・越谷北高校

〔1997年11月8日に，浦和市の埼玉会館であった「たのしい授業体験講座のための準備委員会＋講演会」での講演記録。須崎正美さん（埼玉・八幡木中）がテープ起こしされたものを再編集しました〕

■生物学はつまらなくて役立たない？

　私の息子は今，高一ですが，息子は私と同じように，やりたいことしかやりたがらない人間です。まあ，私のコピー人間のようなものです。生物の勉強なんかも，やっているようには見られません。

　それで，「生物，どうしてやらないんだ？」と息子に聞くと，「だって，あんなの暗記教科だからだよ」なんて言うんです。「やったって意味ないし，クラスの子だって誰も分かっていない」とね。下の子も応援して，「そうだよ，お父さん。生物なんて，解剖なんかやって気持ち悪いだけじゃない。つまらないし，よく分からないし，役立たないじゃない？」と言うんです。

　それに対して，一応反論しておいたのですが……，でも実際，現実はそうなんだろうと思いますね。私の息子の学校の生物の授業が異常につまらないのではなくて，かなりの学校の生物の授業

が同じ症状を呈しているのではないかという気がしています。「つまらない・分からない・役立たない症候群」というやつです。こういう症状を呈している授業や生徒さんが，たくさんいるようなのです。

　息子を教えている生物の先生は結構熱心な先生なのですが，子どもはそういうふうに受け止めてはいません。となると，「世の中の生物の先生は，何を教えているんだ？」ということが気になります。私は「生物の一番おいしいところを教えていないんじゃないか」と思うんです。「一番おいしいところ」——それは何なのか。

　ここで，みなさんに質問を出します。例えば，「トマトはなんで赤いんでしょう？」と聞かれたらどう答えますか。

　　——赤い光を反射しているから（「なるほど」という声）。

　なるほど，さすがですね。実際，「赤い光を反射している」という答え方があります。ほかにはどうでしょう？

　　——赤い色素があるから。

　なるほど，「赤い色素があるから」ですね。

　　——トリにつつかれて実が落ちやすい。

　　——赤い方がおいしそうだから。

　おお，いろんな答えが出て来て，すばらしいですね。講演がどんどん進んでとてもやりやすいです。実は，最初の二つと後の二つは非常に違った答え方なんです。どういうことかというと，最初の二つ（「赤い光を反射」と「赤い色素」）は，「何故，人間の目には赤く見えるか」という〈しくみ〉に対する答えです。それに対して，後の二つ（「鳥がつつきやすい」「おいしそう」）は「トマトが赤いということが，トマトにとってどういう〈メリット〉（利点）があるか」という答えです。

　実は私たちの業界（生物学）の言葉では，最初の説明を「近接

要因の説明」といいます。それに対して,後の方を「究極要因の説明」という言い方をします。まあ,そんな専門用語はどうでもいいんですが,要するに,「しくみを答えるか」「利点を答えるか」という二通りの答え方が,生物学では可能なのです。

ところが,物理学では,「利点を答える」というのはありません。通常の近代科学では,「しくみ」でしか答えてはいけないことになっています。それはそうですね。(ものを落として) これが落ちる,「なんで落ちるんですか?」というと,「万有引力で引っ張られるから」と答えます。これは「しくみ」を答えています。「何のために落ちるんですか? これが落ちるのは何の意義があるんですか?」(笑い) という問いかけをしてはいけないんです (皆さん,うなずく)。かつては,「お天道様が光っているのは,世界のためにどんな意義があるのか?」などという問いかけをしました。でもその問いかけを放棄して,そのしくみだけを問うことで,近代の物理学や化学は成り立ってきました。

■その生物にとってどういうメリットがあるか?

では,「生物学は今でも近代科学ではないのか?」というと,もちろん近代科学です。では,何故こういう「究極要因」の問いかけが許されるかというと,「生物は進化している」からなのです。すなわち,生物のシステムは30億年間進化してきたその結果,子孫を残すのに都合のよいものに進化してきたのです。もちろん,その進化のしくみは物理的といってもいいもので,神様が「こうしたい」とか,「その生物自身がこうしようと思った」といったことではありません。

それで,例えば,「鳥のツバサは何のためにあるか?」というと,これはほとんどの人が飛ぶためにあると思うわけですね。実際,飛ぶのに役に立っているのも事実です。そういう形で「その

生物にとって，どういう利点（メリット）があるか？」という問いかけが，生物学では可能なのです。

そこで，普通の人が2つの答え方のどちらを聞いたとき「おー！」と興味をもつかというと，それは圧倒的に「利点の説明」の方です。何故かというと，ボクら人間は日常的に「○○のため」というような目的をもって行動しているからです。

例えば，先日，ウチの学校でマラソンレースがありました。そのとき，ボクの前を通りすぎていく子が「先生，乳酸が筋肉にたまっています」（笑い）とか，「先生，もうＡＴＰ（アデノシン三リン酸）のエネルギーがありません」（笑い）と，ボクの脇を通りながらいろんなことを言うのです。どちらも「疲労している」ということを，生物学的な〈しくみ〉で答えているわけです。これはボクにとってうれしいことです。しかし，それはボクのような変わった教員に教わっている子どもたちの変わった反応で（笑い），多くの人は「早くゴールにつきたい」とか，そういう〈目的〉を思って走っているわけです。

それでは，「究極要因の説明」の一例を上げます。

例えば，クジャクのオスはきれいな尾羽をチラチラ広げますね。一番つまらない生物学は「クジャクのオスは美しい羽をもっている」ということをただ覚えさせます。次に，〈しくみ〉を追求してみると，「何でクジャクの羽はこんなにきれいなんだというと，この羽毛のパターンが……」とその説明ができるのです。この方がおもしろい。でも，普通の人にとってもっと興味がわくのは，「クジャクのオスにとって，それで何のメリットがあるか」を問うことでしょう。

そこでちょっと聞きます。クジャクのオスは，なぜあんなにきれいに羽を広げるのですか？

――メスをひきつけるため……。

その通りですね。あとで説明しますが，これは「本当にメスをひきつけるために，オスが羽を広げている」ということが証明されています。つまり，あのクジャクの広げた羽は（クジャクの羽のように両手を広げた格好をして），「花子さん！」（笑い）といっているわけです。そういうことが分かると，「おー，なるほど！」という感じで，生徒さんが興味をもってくれるのです。

■細胞分裂のときに染色体が現れるわけ

　次に細胞分裂について話します。細胞分裂には，みなさん，苦い思い出があるでしょう。「細胞分裂の前期とか中期，染色体がどうのこうの……」と覚えさせられ，そして全部すっかり忘れた覚えがあると思います。こういう図（モデル図）ですね。

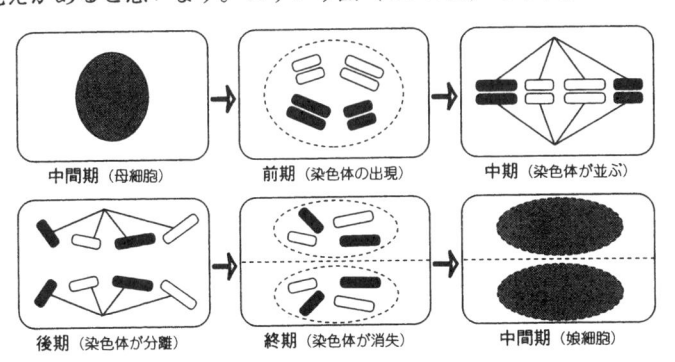

中間期（母細胞）　→　前期（染色体の出現）　→　中期（染色体が並ぶ）

後期（染色体が分離）　→　終期（染色体が消失）　→　中間期（娘細胞）

　確かにこうしたしくみで染色体が分かれていくのですが，これについても，先程と同じような問いかけができるのです。
　通常，染色体というのは，細胞分裂のときだけ現れるのです。普通の子どもたちは，ただそのことを覚えさせられます。「細胞分裂のときだけ，染色体が現れる」とね。すると，「そうか。でもだから，何なんだ？」（笑い）となるわけです。
　「染色体が（細胞分裂のときに）突然，目に見えてくるという

155

〈しくみ〉」はもちろんあるのです。それは，こういうわけです。

　まず細胞分裂する前，普通の細胞の核の状態では，染色体はどこにいっているのでしょうか？　実は，細い，細～い糸（染色糸）の状態で，核の中に分布しているのです。ないのではありません。見えないだけなのです。人間は「見えないものはない」と思いがちですが，そうではありませんね，ボクにはここに（空気中を差して）分子が見えるように……（笑い）。これが細胞分裂の時に，この糸がコンパクトに収納されるのです。長い，長～い糸がぐるぐる巻きの束になっているのが，実は染色体です。これが，細胞分裂のときに染色体が見える〈しくみ〉です。

　では，何のために束になるのか？

　――分かれる時に，こんがらかってしまうから。（「えー！」）

　そうなんです。染色体にはたくさんの遺伝子（生物の設計図）があって，「この生物が何であるか」ということが全部書かれています。例えば，お前はヒトだとか，身長はどのくらいとか，血液型はA型とか……。もちろん，それらは遺伝的に決まっているものだけで，ボクが20何才までに結婚するとかは書いていませんが……（笑い）。その染色体に書かれてある情報が全部，必ず細胞分裂のたびに複製されていきます。そうでなければ大変です。例えていうと，「右手は人間，左手はゴリラ」というような訳の分からぬ状況が出現します。同じものをちゃんと両方の細胞に分けないといけません。

　ところが，染色糸は長いんです。どのくらい長いか。ヒトの1個の細胞の大きさ（直径）が10マイクロメートル（100万分の10m）ぐらいだとすると，この中に入っている糸（人間の場合46本）の長さはトータルで，どのくらいでしょうか。2メートルです（「えー！」）。細胞の直径の20万倍もあるわけです。こーんなに長いのです。この糸がぎっしり折りたたまれているのです。それ

に，ヒトの染色体は46本ありますから，この46本をきれいに複製した後，両側にまちがいなく分けるためには，コンパクトにまとめなければならないわけです。

　引っ越しの時，みなさんは似たものをひとつの箱につめて運びやすくするでしょう。細胞も同じなんです。細胞の中の染色体は，梱包された箱みたいなものです。これが染色糸が束になる〈メリット〉です。

　単細胞のバクテリアなどの細胞には，染色体ができなくて，そのまま複製されます（細胞が分かれていきます）。それで十分なのです。この糸が非常に長くなっていくと――つまり進化してくると，染色体（パッケージ）を作るようになるんです。

　　――初めからパッキング（梱包）をしていればいいのでは？

　おー！　するどい質問です。自分の頭で考えていますね（爆笑）。初めからパッキングしないのにも，もちろん意味があります。この糸には情報が書いてあります。これを読み出す時には，広がっていないと読めないのです。染色体だけでは要するに荷造りされたままの荷物（家具）で，そのままでは使えないのです。ですから，必ずほどいて元の状態にしなければなりません。

　　――46本別々に？

　はい，全部別々に。それをまとめると，さっき言ったように，2メートルぐらいになるのです。1本の染色体は，2メートルを46に割った長さくらいだと思ってください。

　　――例えば，一つの細胞の直径を1メートルとすると，その
　　　糸はどのくらいになるのですか？

　46本まとめると200kmくらいになるでしょう。（「オー，スゴイ！」）皆さん，本当に自分の頭で考えていますね！　スバラシイです！　（笑い）そのくらい長いんです。だから，どうしても束（染色体）にせざるを得ないんです。

……というような話を聞くと，「そうかー！」ということになってくると思うのです。ボクは「そういう教え方をすればいいんだ」とかねがね思っていて，〈清水生物学〉ではずっとこれを一つの柱としてやってきたわけです。

■この世に木と草があるのはなぜか？

　こういう問いかけは，どんな場合でも応用できます。例えば，今，宮地祐司さん（愛知・東海高校）が中心になって構想をたてているプランに，《生物とその集団》というのがあります。「似たような生活をする生物は競争し，あまり似ていないのは競合しない」という内容の授業書案です。ここでその内容を全部話す時間はありませんが，その授業書案で取り上げていることに関係して少しお話しします。

　例えば「マクドナルド」と競争するのは，「ロッテリア」です（笑い）。これは何故かというと，作っているものが似ていて，同じような客層だからです。「マクドナルド」と「写真屋さん45」（写真現像のチェーン店）とは全く関係ないんですね（爆笑）。また，「スーパー」と「デパート」はたくさんものを売っている点は同じですが，少し戦略が違います。「スーパー」は価格で勝負し，「デパート」は品質で勝負する。したがって，こういうものはある程度は競争しながらも共存するのが可能です。

　ところで，植物には木と草があります。両方とも同じように光を要求します。光で光合成を行うからです。では，この競争に勝つと考えられるのはどちらでしょうか。

　　――木だね。

　木ですね。木は背が高いので，光合成に必要な光をめぐる競争では有利です。でも，そうすると，なぜ世の中は木ばかりになってしまわないのでしょうか？　なぜ木と草がありうるのでしょう

か。「草が草である利点は何なのか？」というわけです。

　もちろん，〈しくみ〉も答えられます。木は細胞壁が堅い。皆さんが木の家に住んでいるのは，つまり細胞壁に住んでいるということですが，それは細胞壁が堅いからできることです。それに比べると，草の方がずっと細胞壁が柔らかいのです。それは，木と草のしくみの違いなのですが，では草のメリットは何なのだ？
　　——枯れて肥料になる（笑い）。
　草は人間のために生きているのではありませんから，メリットを考える場合，「草が草であることは，草にとってどんなメリットがあるか？」という問いかけをしなければいけません。ヒントを言いますと，木は丈夫な細胞壁を作ります。草の細胞壁はやわらかいのです。
　　——草はわりと速く……。
　はい。「草は成長が速い」んです。それがやわらかい草の利点です。でも，ちょっと待ってください。いくら成長が速くたって，上に木があれば陰になって草はダメですね。では，なぜこんなに草が生きていけるんでしょう？　草が生えているところをよーーく思い出してください。
　　——土？　荒れ地？
　学校とかね。あるいは，休耕田だって草が生えてきます。でも，どうしてこういうところに草が生えやすいのでしょうか。
　　——栄養がない。
　　——木が生えてこない。
　そう，まだ木が生えてこないところです。タネが落ちた時に成長のスピードが速いのが草なんです。草の生きる場所は，基本的にはまだ木が生えていないところ。
　「どこでも木が生えているんじゃない？」——いえ，いえ，がけくずれとか山火事のあとなど，世の中には，木が生えていない

荒れ地というものも存在します。

　もう一つ、別な方向からも考えられます。林の中にも、草が少しはありますよね。あれはごくわずかな光でも、光合成ができる性質をもった草たちです。そういう草もありますが、基本的にはスピードの勝負なのです。堅いレンガの家を作ってその頑丈さで勝負するのが木。一方、安普請の家を作って、その回転の速さで勝負するのが草ということです。

　「この二つはどちらが優れた生き方か」なんていうことは言えません。それは現在、この世に草も木も存在していることを考えれば分かるでしょう。でも、両方の性質を持つことは不可能です。スピードの速い頑丈な家——それはできないのです。したがって、世の中には草と木が存在するのです。もちろん、スピードの遅い安普請っていうのはありますけど（笑い）、それは生存競争で生き残れないですから、いなくなってしまいます。ということで、草と木の生き方の違いも、それぞれのメリットを問うことで理解できます。

■すべてにメリットがあるわけではない

　ところで、三十ウン億（3ε億）年の進化といったって、生物のいろんなことが全部、メリットがあることだとは限らないのです。

　例えば、口の中にアミラーゼという消化酵素があります。ご飯を食べたときに口の中に出て来るもので、デンプンを分解する酵素です。この酵素がよく働くｐＨ（酸・アルカリ性の度合い）は7くらいです。これに意味があるか？　あります。口の中がｐＨ7だからです。アミラーゼは口の中でよく働くようにできているわけです。このアミラーゼは胃袋の中に入ってしまうとダメなんです。胃袋ではたらく酵素は最適ｐＨが2くらいで、これはすごい酸性ということなんです。つまり、「ご飯を咬まずに唾液と一緒

に飲み込んで，あとで胃でゆっくりと消化する」というのはできないんです。

また，酵素はふつう70℃以上になると働かなくなるという性質があります。では，それにも何かメリットがあるか？　これは多分，ないんです。温度が上がると分子運動が激しくなって，酵素の分子の形が歪んでしまって，酵素の働きができなくなってしまうのです。ですから，これは単に物理化学的結果であって，70℃で酵素が働かなくなるメリットはあるとは思えません。

また，生物は進化しますから，先祖からの形やしくみの引き継ぎということもあります。

例えば，魚とクジラの泳ぎ方を比べると，魚は体を横にくねらせて泳ぎます〔1図〕。ところがクジラは縦にくねらせて泳ぎます〔2図〕。イルカもそうです。哺乳類はクジラのように泳ぎます。「クジラの泳ぎ方に何かメリットがあるか？」「魚型泳ぎよりもクジラ型の方が泳ぎやすいか？」——多分，そんなことはないと思います。魚型泳ぎでもクジラ型泳ぎでもいいんです。

では，なぜクジラはクジラ型泳ぎをするか？

魚の泳ぐ図〔1図〕

クジラが泳ぐ図〔2図〕

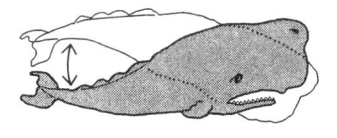

哺乳類が歩く図〔3図〕

ハ虫類が歩く図〔4図〕

実はこれ、クジラが哺乳類から進化したことが、原因らしいです。それはどういうことでしょう？

　　——四つ足で歩いている。

そうです。哺乳類は四つ足を上下にたわませて歩きます。哺乳類はこれが基本的な運動です。

ハ虫類は同じ四つ足ですが、このように（4図）横に動かして、はって歩きます。これはヤモリやトカゲの運動です。これらは体をよこにくねらせて動く魚から進化したままだから、こう（ ）なんです。ハ虫類の基本的運動パターン（はう運動）では、哺乳類（ ）のように足が立たないのです。哺乳類のように足を立てて運動するには、上下運動しなければなりません。

哺乳類がこのような上下運動に変更したのは大変だったと思われます。でも、進化の途中で上下運動になった。そこから進化したクジラは、海に戻ったからといって、また運動を魚のように戻すということはしなかったのです。生物の進化というのは、先祖のやり方を受けついで、その中で改良をするのです。聖書に書いてあるように、神様がいてゼロから創り出すのであれ

原子とつきあう本

●原子（元素・単体）のデータブック

板倉聖宣

二〇〇〇円（税別）

これまであまりにも複雑に考えられてきた原子結合のしくみが、独創的な立体周期表と原子模型の考案によって、誰にでもわかるようになりました。原子の重さ・大きさ・性質・単体の融点・発見年代のデータだけでなく、名前の語源・記号の覚え方・値段までをたのしく学べます。教室に常備したい一冊。これでグンと原子が身近なものに！

仮説社

ば，最良の設計ができるはずです。でも，先祖から進化したのであれば，特に不都合がなければ，その先祖の運動を引き継ぐのです。したがって，「クジラは，なぜクジラ型泳ぎをするか？」を問うても，〈メリット〉という意味では答えが返ってこないのです。無理に利点を考える危険性もあるのです。

■大きな羽毛でメスにモテモテ

さて，こういう〈メリット〉の話をいくつかすると，「清水さん，そんなにそれがおもしろいのなら，そういうのを仮説実験授業でしたらどうでしょう？」と思われるかもしれません。でも，それはなかなか難しいのです。なぜか？ 仮説実験授業の中身は真理でなくてはいけない。いくら楽しくても，いくら本当そうでも，真理でないことを扱ってしまったら，仮説実験授業ではありません。

では，先程の「オスのクジャクの羽毛がきれいなのはメスを誘う」というのは本当なのか？ 証明されているのか？ 実は，それはちゃんと科学的に認められているのです。ちょっと考えて下さい。「オスのクジャクのきれいで大きな羽毛が，メスをひきつけるのに役に立っている」ということをどうやって証明したらいいですか？

　　──羽を切ってしまえばいい。

そう，切ってしまえばいいんですね。羽毛を切られたオスのクジャクはもう悲惨なものですよ。回りのメスから「何よあいつ！」（笑い）と全然相手にされません。もちろん，科学者は慎重ですから，その逆の実験もやっているんですよ。

　　──もしかしたら，メスに切った羽をつけると，メスが寄って来るのでは……。

ああ，そのデータは見たことはないですねぇ。

科学者のやった実験によると,すごく羽毛の大きなオスのスーパークジャクを作っておくと,もう,メスにモテモテなのです(笑い)。
　では,どうしてクジャクはいくらでも大きな羽にならないか?確かにそれでとってもモテルんでしょうが,それではエサも食べにくい。動きにくいですから。結局,普通のクジャクの羽毛の大きさは,自分がちゃんと生きられて,しかもメスにもてるというギリギリの線なんです。
　生物の利点を考えるのはじつはなかなか難しくて,いろんな要因があって,本当かどうかを立証するのはかなり困難なのです。このクジャクの羽毛は,「メスがひきつけられるかどうか」というわけですから比較的判定は簡単ですが,ふつうは証明が大変難しいのです。だから,教科書には,しくみの話が多くなるのです。
　例えば,こんな例もあります。「なぜ親は子を怒るのか?」。これは心理学的にはあまり意味がない,むしろ逆効果な行為なのは明らかです。怒られて,「そうか,お父さん,明日からボクはがんばる!」なんて言うのはほとんどない。たいていは「このやろう! 今に見ていろ!」なんて恨まれるのがオチなんですよね。にもかかわらず,親は怒らずにはいられないのです。それは何故か? そのメリットは何か?
　それについて,竹内久美子という人は,こういう説を出しています(『そんなバカな!』文春文庫,1991年,437円)。「そういうことによって早く親離れをさせ,次の子どもを産めて,たくさん子孫を残すことができる」という話です。だけど,どうですかね?(笑い)本当ですかねぇ?
　世の中には,こういう「楽しい話」は満ち満ちていますね。だから,そういう話をどんどん切り張りしてきて,「楽しい生物学」を作りたくなる人もでてくるでしょう。しかし,「本当か?」(笑

い）ということになっちゃう。証明困難なことですから。怪しい話は一時的に楽しくても，「真実は？」ということが問題なのです。

　ところで，《生物と種》の授業書（『第3期仮説実験授業研究』No.6，仮説社）の中には，「種は何のためにあるか？」ということははっきり書かれていません。でも，「種がなくなれば，いろんな遺伝子がデタラメに交ざってしまって，親の生活が子孫に伝えられなくなる」ということは書いてあります。実は，物理化学系の人から「こういう書き方は科学的ではないのでは？」というクレームがついたことがあります。そのクレームは，ある意味では正しいのです。物理系では，「（チョークを落として）これは何のために落ちるのか？　何の意義があるのか？」そういう問いは絶対にしてはいけない問いです。《生物と種》を作っていたときの検討会でも，似たようなケースで物理の人から怒られました。その時，やはり生物が専門の宮地さんが「これはたたかれるに決まっているけど，ボクは清水さんの気持ちはとてもよく分かる」と言われました。

　これが生物の特徴的な学び方，見方のパターンなのです。その学び方を生徒さんに伝えることは，生物学のおいしいところを伝えるという意味で重要です。仮説とわかっていれば，いくら考えても，かまわないし，それは楽しいです。しかし，仮説実験授業の授業書にするときは，本当に証明されてはっきりしたことに限定しないと，仮説実験授業全体の信用が失われることになるのです。

■清水生物学の成果

　では最後に，こういう授業をすると，その成果はどうかという話をします。

私の学校では「学習実態調査」という普通の先生たちには恐ろしげな調査があります。これは〈生徒さんがどのくらい勉強をしているか〉ということを調べる調査ですが，私がこの学校に転勤したときに，進路指導部の人に頼んで「どのくらい授業に興味をもっているか」という項目も入れてもらいました。
　その「第1回調査」は5月末に行われます。そのころちょうど仮説実験授業《生物と細胞》が終わったころですから，いい評価が出るに決まっていて，申し訳ないくらいなんです。

　　とても興味がある……50%
　　かなり興味がある……40%
　　少し興味がある………10%
　　まったく興味がない…0%

　理解度も同じくらいです。理解度については過去のデータがあるわけですが，北高始まって以来，この数字を越えたことがないので，当然「何であんなに」という話になるわけです。
　仮説実験授業が終わって，今日お話した清水生物学をやって，2学期にもう一度調査があります。そのときは，さすが仮説直後のようにはいきませんが，こんな評価になります。

　　とても興味がある……20%
　　かなり興味がある……50%
　　少し興味がある………20%
　　まったく興味がない…ε%

　——おー，すごいね！
　それでも，すごいですね。他の教科だと，「とても」と「かなり」を合わせて30%くらいが普通です。もちろん，ボクの授業でも，たまに「まったく興味がない」が出てくることもあります。でもこれがクラスに1割も出ると，何か異常事態だと思うくらい，この数字はボクにとって当たり前の数字になっています。

中には「おもしろおかしい授業をして,やさしいことをしていれば,理解度とか興味度のパーセントが上がるんじゃないか」と思っている人もいます。ですが,進学校の北高で「なぜボクが圧倒的評価を受けているか」というと,単に生徒さんの自己申告の理解,興味度が高いだけではなく,実力もついているからです。

北高生7割ぐらいが受けるセンター試験の埼玉県全高校の平均点というのがありますが,北高生の成績は県内でだいたい10番目くらいのレベルなんです。

　　──上から?

上からです。

　　──県立高校っていくつあるの?

大体180校ぐらいかな?

　　──すごい!

センター試験を10人以上受けるのは,その中で50校ぐらいでしょうかね。さて,その中で,清水生物の門下生は埼玉県で何番目くらいでしょうか? 　私は生物だけしか教えていませんから,これは生物だけのことですが。

昨年は,ごく少人数で受けていた一つの私立高校を除くと,その他の公立,私立を含めて,清水門下生が県内トップでした。どうしてでしょう。仮説実験授業をやっている事もありますが,さっきの「生物のしくみだけでなく,意義(利点)を問う」ことをしょっちゅうやっていて,それで生徒さんが「おもろいな!」と思えば,そのあと,多少つまらない話をしても,ボンボン頭に入ってくるからだと,ボクは思います。

最近の脳の研究で分かったことなのですが,人間の脳は外界の情報をストレートに分析して,世界(外界)のイメージを作っているのではないのですね。(脳に)外界の情報が入ってくると,まず「これは解析するに値するか?」ということを脳のある部分

でフィルターにかけているんです。それで,「この情報が解析するのに値しない(くだらない情報)」ということが分かると,ストップがかかるんです。ですから,「生物なんかつまらないんだ」と思うと,生徒さんたちにどんなにいろんな話をしたところで,砂に水をまくように全部消えて行く(笑い)。ところが,こうやって「生物っておもしろいんだ」という先入観ができてしまえば,多少つまらないことを教えても,頭に入っていく。おそらくそれだろうと思います。

■東大の模試問題を解くのが楽しくてしょうがない

また,こんなこともあります。清水門下生の卒業生で,東大をめざしている浪人生がいますが,「東大の生物の模試問題を解くのが楽しくてしょうがない」というのです。何で楽しいのか? 東大の問題ぐらいになると,美しい問題もあるのです。どんなふうに美しいのかというと,「これ,覚えていますか?」という問題ではなくて,未知のデータをもとにしているのです。「そのデータから何が考えられるか?」というタイプの問題です。これは,仮説実験授業でも経験することです。つまり全然習ってないことをボーンと出されて「どう考える?」と。あるいはボクの仮説実験授業以外の授業もそうなんですけど,生徒さんに何も教えないで「これは何だろうか? どう考えたらいいんだろう?」とそういうことをよく聞いている。そういうことをたくさんやってきた生徒さんには,楽しくてしょうがない問題らしいです。もちろん,解ければ,ですよ。ある程度は基礎知識がないと解けなくていやになってしまいますけど,ある程度基礎学力があって,しかも未知の問題について考える訓練をしていると,こういう問題を解くのが楽しくてしょうがないのです。

実は,今教えている3年生は,ボクが1年からは教えていなか

ったので，最初はものすごく戸惑っていました。「勉強というのは，先生が教えてくれたことを一生懸命に覚えて，マスターする」という固定観念をずっと持ってきています。ボクが何も教えずに「トマトはなぜ赤いんだ？」と聞くと，「何でそんなこと，習っていないのに答えなくちゃいけないんだ？」と思うわけですね。でも，半年かかって，最近，やっと「清水先生，さっきあんなこと説明したけど，こんなことはないんですか？」とか，あるいは「だったら，これはどうなんですか？ こうじゃないんですか？」というような，自分の頭で考えている質問が出てきました。

＊

　ボクらの脳は，〈予想して認識する〉ようにできています。つまり，「おおよそ世界（外界）はこうなんじゃないか」と予想して認識していくことを，ボクらの脳はやっている。予想するから認識できるのです。もちろん予想してはずれることもあります。仮説実験授業もそうですね。ボクらがものごとをパッパ，パッパと理解できるのは，そういういい認識のパターンを経験で身につけてきたからです。

　「生物を学んでいくときには，しくみも大事だけど，利点を問うてみると，なかなか面白い世界が開けてくることもあるぞ！ 常にそうやって問題意識をもって見るといいぞ！」というようなセンスというか思考パターンをどれだけもっているかどうかが，決定的に重要なのです。

　今日は「学び方の話」で，実際のいろんな生物の利点について十分話すことはできませんでしたが，そんな学び方を，今後，取り入れていただければ，もう少し生物を楽しく学べるのではないかと思っています。ありがとうございました。（拍手）

〔〈生物学を楽しく学ぶには，生物の利点を考えることが大切だ〉という視点については，宮地祐司さんから多くのヒントをいただきました―清水〕

関連書籍紹介

　本書を読んで，もっと研究したくなった方のために，本書の中にでてきた書籍（仮説社刊）や解剖・生物関係の書籍をご紹介します。

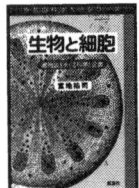

生物と細胞　細胞説をめぐる科学と認識

　宮地祐司著　科学的認識の成立条件を，生物学の基本〈細胞〉概念の形成過程にそって検証。その成果を適用して生物の分野で初めて作られた仮説実験授業の授業書《生物と細胞》の最新版を完全収録。
　税別2300円

タネと発芽

吉村七郎・板倉聖宣・中一夫 著　スーパーなどで売られている「鳩のエサ」にはトウモロコシやマイロ，べに花，小麦，麻などの植物のタネが入っています。これらのタネはまくと発芽すると思いますか？　発芽を感動的に学べる。
税別1200円

白菜のなぞ　やまねこ文庫1

板倉聖宣著　日本人はいつごろから白菜を食べていたのか。その歴史を糸口に次々とわきおこる大根・カブなどのなぞを追いながら，科学の楽しさを体験できる。「種」の概念がわかる。カラー図版8ペ。税別1500円

第3期　仮説実験授業研究　第6集

仮説実験授業研究会編　生物学の基本的な概念である「種概念」を教え，生物の進化にまで見通せる授業書〈生物と種〉。その全文と解説を収録。ほかにも，〈生物と種〉研究物語（清水龍郎），明治の科学読み物と石井研堂（板倉聖宣），低学年における原子論の教育の可能性2（伊藤恵），などを収録。税別1825円

実験観察自由研究ハンドブック１〜２

「たのしい授業」編集委員会編　「不自由研究」に悩まされる子どもたち。研究の意味をわかりやすくときながら，皆が夢中になった研究の具体例を満載。これで「不自由研究」にさよならできる。第１巻に，イカの解剖を扱った「イカの青い血って？」（兼子美奈子）を収録。
税別2000円

だれでも描けるキミ子方式

「たのしい授業」編集委員会編　いろんな人がキミ子方式を楽しんだ記録を収録。いろいろな題材の描き方だけでなく，キミ子方式を通じて絵を楽しむようになった人たちのイキイキしたエッセイも読み応えがあります。絵を描きたいとき，教えたいとき，かならず役立つ１冊。　　税別2000円

原子論の歴史　上下巻

板倉聖宣著　古代ギリシアで誕生した「原子論」。古代においても原子論は人びとに受け入れられていた。ところが中世になると，キリスト教によって，「原子論＝無神論」は追放されてしまう。上巻には本書124ペの「解剖したから間違えた医学者たち」の元になった論文を収録。
各税別1800円

煮干しの解剖教室

小林眞理子著　みそ汁のだしを取るのに使われる煮干しは，「カタクチイワシ」という魚をまるごと煮て干したものです。さて，そんな煮干しを指でほぐしたら，心臓や脳みそや胃は見ることができるでしょうか？　大きめの煮干しを使ってぜひやってみてください。感動ですよ。　　税別1500円

関連記事紹介

　本書を読んで，もっと研究したくなった方のために，生物関係の記事をご紹介します。収録元の本（仮説社刊）はそれぞれ次のように略しています。
　『たのしい授業』No.○→No.○／『第2期仮説実験授業研究』○巻→第2期○／『授業科学研究』○巻→授○　　　　（現在品切のものもあります）

〔《生物と細胞》〕意欲をもった人間のすごさ（小原茂巳）No.281／細胞がライトスコープで見える！（宮地祐司）No.46／台所は植物細胞の宝庫（近藤浩一）No.292／「投票授業」でたのしい（吉村烈）No.45／ホールミラー板（宮地祐司）No.91

〔《せぼねのある動物たち》〕絵カードを作りました（浅葉清）No.6／「笑顔を共有した時間」が残る（大黒美和）No.289／子どもたちに「授業をする人」と認められる幸せ（小川洋）No.34／授業記録《背骨のある動物たち》（松田心一）授12／《背骨のある動物たち》の授業から　小学校3年生で（西谷亀之）第2期11／「自分の感激」を子どもたちに（式地早苗）No.283／授業書《背骨のある動物たち》その覚え書き（浅葉清）第2期11／授業書《背骨のある動物たち》とその解説（板倉聖宣，浅葉清）第2期11／進化の授業で（実藤清子）No.21／たのしいことは強いこと（山路敏英）No.141／予想変更，たのしいな！（伊藤恵）No.32／みんなが理科をすごい楽しくしてくれる！（伊藤恵）No.33／理科がいちばん好き（池田基博）No.106

〔《足はなんぼん》〕期待ニンマリでスタート　授業記録1（伊藤恵）No.9／せかいにひろげようありの輪っ！授業記録2（伊藤恵）No.10／ウ～ム，これが科学のかおり　授業記録3（伊藤恵）No.11／なぜか？いつもよりシーン！　授業記録4（伊藤恵）No.12／ほんものってすごい！（山田靖子）No.291／これぞドラマだ！（琴慶典）No.20／授業書〈足はなんぼん？〉の改訂（板倉聖宣）No.45／授業記録〈足はなんぼん〉（入門貴子）授1／先生，ぼくたちかわいいだけじゃないんです（鈴木久恵）No.8／私たちにも楽しめます　老人ホームでの仮説実験授業（渡辺慶二）No.149

〔《にている親子にてない親子》〕授業書〈にている親子・にてない親子〉とその授業記録（伊藤芳幸）第2期8／にている親子にてない親子　はじめて

のたのしい授業4　香港日本人学校3年2組の授業記録（上）（田中桃子）No.32／にている親子にてない親子　香港日本人学校3年2組の授業記録（下）（田中桃子）No.33

〔《生物と種》〕おきあがりこぼし通信3感動の嵐におそわれつづけた〈生物と種〉（大野三紀）No.169／「ケール」を知っていますか（古山園美）No.253／すごい好評！（木下富美子）No.158／〈世界史入門〉と〈生物と種〉　その闇をつないだ『白菜のなぞ』（板倉聖宣）No.146／《生物と種》（古山園美）No.202／ダーウィンがいっぱい　小学2年生との授業記録（上）（伊藤恵）No.201／ちいさな進化論者たち　小学2年生との授業記録（下）（伊藤恵）No.202／昆虫博士，タバちんの活躍（延賀浩二）No.245／社会で《生物と種》（根本巌）No.203／授業記録〈生物と種〉（上）小学5年生も「知らなかった」「もっと知りたい！」と目を輝かせた（斉藤勝美）No.157／授業記録〈生物と種〉（下）おもしろくて，ちゃんとわかった進化の話（斉藤勝美）No.158

〔〈哺乳類と生存競争〉〕授業書案〈哺乳類と生存競争〉（板倉聖宣，大浜みずほ，他）No.44／有袋類のぬいぐるみ製作記（宗像利忠）No.256／予習は動物園で（田島猛・かずみ）No.45

〔《花と実》〕竹の花と実（岡田美恵子）No.207／花も実もあるイモもあるジャガイモに実がなった（後藤陽一）No.201／チューリップにもたねがある？　5年生と《花と実》の授業（上）（松崎重広）No.209／初めて見たよ，パイナップルの花　5年生と《花と実》の授業（中）（松崎重広）No.211／イネやムギにも花があるなんて！　5年生と《花と実》の授業（下）（松崎重広）No.212

〔〈だいずと豆の木〉〕不思議なたね〈だいず〉　5年生との授業記録（上）（井上直之）No.198／たねの中の秘密　授業記録（下）（井上直之）No.199

〔その他〕学級園でポップコーン栽培（保田喜穂）No.209／気軽に解剖（小野健一郎）No.279／30倍の世界研究の巻（小出雅之）No.201／スズメバチの話　子どもたちと読むスズメバチ対策（藤本勇二）No.283／ツクシの不思議（木下富美子）No.208／ツクシの胞子を見ました（大熊華子）No.208／小さな怪獣　ヒドラのなぞ　新総合読本（板倉聖宣，田中博文）No.205／ヒドラがのった（佐藤洋美）No.206／ポップコーン栽培（真田伸夫）No.211／メダカ飼育のコツ？（猪野美恵）No.240

―――――― **仮説社の本** ――――――

水中の小さな生き物けんさくブック

「水中の小さな生き物けんさくブック」編集委員会 編著●微生物の世界にはじめて触れる子どもたちでも使えるように,「色」「形」「動いているかいないか」で調べることのできるインデックスがついた画期的観察図鑑。しかも,微生物の採集の仕方から,顕微鏡の扱い方も載っているので,子どもが自分だけでどんどん研究を進めることができます。Ｂ６判変形　80ペ　2200円（税別）

科学的とはどういうことか

板倉聖宣 著●読むだけでなく,手軽にたしかめられる実験を通して,科学的に考え行動するとはどういうことかを体験・実感できるロングセラー。塩水ならね砂糖水に生卵は浮くか？等々,「どうなるんだろう？」と誰でもつい引き込まれてしまう問題がいっぱい。　　　　Ａ５判230ペ　1600円（税別）

☆ ☆ ☆ **いたずら博士のかがくの本** ☆ ☆ ☆

もしも原子がみえたなら

板倉聖宣 著／さかたしげゆき 絵●この宇宙のものすべてが原子でできていますが,小さいので人間の目では原子を見ることができません。そんな小さすぎて見えない「原子の世界」を目で見ることができたなら,いったいそこにはどんな世界が広がっているのでしょうか？
　　　　　　　　　　Ａ４判変形ハードカバー　48ペ　2200円（税別）

空気と水のじっけん

板倉聖宣 著／最上さちこ 絵●コップを逆さに持って水の中に沈めると,コップの中に水は入ってくるでしょうか？　それはなぜ？　コップと水でできる簡単な実験をしながら読み進めていくと,目に見えない空気が見えてくる！
　　　　　　　　　　Ａ４判変形ハードカバー　38ペ　2200円（税別）

ドライアイスであそぼう

板倉聖宣・藤沢千之 著／丹下京子 絵●アイスクリームやケーキについてくるドライアイス。本書では,このドライアイスを使って〈目に見えない気体〉のイメージがいきいきと描けるようになる,楽しい実験の数々を紹介します。正しく扱えば,ドライアイスも危険ではありません。
　　　　　　　　　　Ａ４判変形ハードカバー　46ペ　2200円（税別）

解剖の授業はいかが

初版発行	2006年11月3日	7800部（『たのしい授業』臨時増刊号）
2版発行	2015年7月1日	2000部

編　者　「たのしい授業」編集委員会／代表・板倉聖宣
　　　　　©Tanoshiijugyo Hensyuiinkai,2006
装丁・口絵　平野孝典（街屋）
発　行　株式会社 仮説社
　　　　　〒169-0075 東京都新宿区高田馬場2-13-7
　　　　　☎ 03-3204-1779／Fax 03-3204-1781
印刷・製本　株式会社 平河工業社
用　紙　鵬紙業
　　　　　（カバー：OKトップコート＋キク/T76.5，表紙：OKエルカード＋
　　　　　四六/Y22.5，見返し：色上質厚口，口絵：OKトップコート＋四六
　　　　　/Y90，本文：モンテルキア四六/Y60．）

＊定価はカバーに表示してあります。落丁乱丁本はお取り替えいたします。
ISBN978-4-7735-0261-9　C3037　　　　　　　Printed in Japan

仮説社の**サイエンスシアターシリーズ** 各2000円（税別）

① **粒と粉と分子** ものをどんどん小さくしていくと　●板倉聖宣
　初代原子論者、デモクリトスと同じ目で自然界を見る画期的な原子入門。

② **身近な分子たち** 空気・植物・食物のもと　●板倉聖宣・吉村七郎
　空気から、環境に悪い物質まで、分子模型で見ると、実に単純明快。

③ **原子と原子が出会うとき** 触媒のなぞをとく　●板倉・湯沢光男
　「触媒」の素晴らしい働きを、原子論的にやさしく解説した初めての本。

④ **固体＝結晶の世界** ミョウバンからゼオライトまで　●板倉・山田
　固体は原子分子が綺麗に並んだ結晶。このことを実験を通して実感。

⑤ **温度をはかる** 温度計の発明発見物語　●板倉聖宣
　温度計の便利な使い方や仕組を紹介。それを知ると熱や温度が見えてくる？

⑥ **熱と火の正体** 技術・技能と科学　●板倉聖宣
　ものを温めるって、科学的にはどういうことかな？「熱の素」なんてあるの？

⑦ **ものを冷やす** 分子の運動を見る　●板倉聖宣
　ものが冷えるという現象を、原子分子の動きを頭に描きながら解き明かす。

⑧ **熱と分子の世界** 液晶・爆発・赤外線　●板倉聖宣
　「熱とは何か」を謎解き感覚で楽しく知る。液晶の原理も分りやすく解説。

⑨ **アーチの力学** 橋をかけるくふう　●板倉聖宣
　頑丈な橋をかけるために人々が行った、驚くほど簡単で丈夫な仕組みとは。

⑩ **吹き矢の力学** ものを動かす力と時間　●板倉聖宣・塩野広次
　ストローとマッチの吹き矢で画期的な実験。「運動の力学＝動力学」に入門！

⑪ **衝突の力学** 瞬間のなぞ　●板倉聖宣・塚本浩司
　衝突の瞬間、ものには何が起るのか。実験によって「衝突」の謎に迫る。

⑫ **コマの力学** 回転運動と慣性　●板倉聖宣・湯沢光男
　コマの運動が分かると、多くの機械の動く原理が分かってきます。

⑬ **電磁波を見る** テレビアンテナ物語　●板倉聖宣
　身近なおもちゃでの実験と読物とで、見えない電磁波を実感できるように。

⑭ **電子レンジと電磁波** ファラデーの発見物語　●板倉・松田勤
　台所の電子レンジを使って、〈電磁波〉を実感する実験をしてみましょう。

⑮ **偏光板であそぼう** ミツバチの方向感覚のなぞ　●板倉・田中良明
　付録の偏光板を使って、電磁波を捉えてみよう。偏光板付き。

⑯ **光のスペクトルと原子**　板倉聖宣・湯沢光男
　付録のホログラムシートで分光器を作って、スペクトルを見よう！